DAS FEUER DER SCHÖPFUNG

VON

DR. J. J. VAN DER LEEUW

MIT EINEM VORWORT VON
C. JINARAJADASA M. A.

Übersetzung aus dem Englischen von
Hans Walther Schiff

DIESER DRUCK DIENT AUSSCHLIESSLICH DER
ESOTERISCHEN FORSCHUNG UND
WISSENSCHAFTLICHEN
DOKUMENTATION.

Für Schäden, die durch Nachahmung entstehen, können weder Verlag
noch Autor haftbar gemacht werden.

© Copyright: Irene Huber, Graz 2015
Verlag: Edition Geheimes Wissen
Internet: www.geheimeswissen.com
E-Mail: www_geheimeswissen_com@gmx.at

ISBN 978-3-903045-23-1

INHALTSVERZEICHNIS

Viertes Kapitel.
DAS GÖTTLICHE RITUAL.

Fünftes Kapitel.
DAS DYNAMISCHE WELTALL.

Sechstes Kapitel.
GÖTTLICHE ALCHEMIE.

Zweiter Teil.
DER GÖTTLICHE INTELLEKT.

Siebentes Kapitel.
VOM ABBILD ZUM URTYP.

VORWORT VON
C. JINARAJADASA M. A.

„Das Reich des Vaters ist dahin gegangen; das Reich
des Sohnes ist im Vergehen; das Reich des Heiligen Geistes steht bevor." So lautet die mystische Prophezeiung des
Joachim de Flora, und dieses Problem bildet den Gegenstand des vorliegenden Werkes. Selten habe ich ein Buch
gelesen, mit dessen allgemeinen Thesen ich so von gan-
zem Herzen übereinstimme wie mit dieser fesselnden Arbeit Dr. van der Leeuws. Was er über den göttlichen Intellekt und seine schöpferische Wirkung in uns zu sagen hat,
ist eine Lehre, die ich selbst schon zu verbreiten versucht
habe. „Wachträumen" war für mich schon seit jeher ein
schöpferischer Akt und tatsächlich ein „Leben in der Zukunft"; aber dessen Beziehung zur Dreieinigkeit im Menschen begriff ich wirklich klar erst beim Lesen dieses Buches.

Einen Beweis für den Übergang „vom Sohn zum Heiligen Geist" erblicke ich in den tausend verschiedenen Arten praktischer Betätigung, die heute von den Menschen
ins Leben gerufen werden. Wir leben in den Tagen der Re-
formvereinigungen. Männer und Frauen, besonders aber
die Jugend, fühlen sich innerlich dazu getrieben, die alte
Welt niederzureißen und eine neue aufzubauen; und es ist
beachtenswert, dass sich der Reformer, wenn er diesem
inneren Impulse folgt, nicht besonders auf irgendeine Inspiration vom „Vater" oder vom „Sohn" stützt: er ist nicht
so sehr dem eigentlich Religiösen zugewandt, als vielmehr

dem zu lösenden Problem selbst, und erwartet von seinem Enthusiasmus die vollkommene Konsekration seiner selbst.

Das neue Zeitalter des Heiligen Geistes und Seines Feuers der Schöpfung offenbart sich auch in der Tatsache, dass heute Männer und Frauen jeden Bekenntnisses sich zu hohen religiösen Zwecken allein dadurch zusammenfinden, dass sie — wenn ich diesen paradoxen Ausdruck gebrauchen darf — ihre eigene Religion vergessen. Die bestehenden Religionen, die die Menschheit lehren, den „Vater" anzubeten, wie Hinduismus und Islam, oder den „Sohn", wie das Christentum, neigen dazu, die Welt eher zu trennen als zu vereinigen. Damit will ich sie in keiner Weise herabsetzen; jede Religion ist ein Weg zur Vollkommenheit, aber keine unter ihnen ist die beste von allen. Bisher wurden die Menschen gelehrt, nur den besonderen religiösen Weg zu gehen, der ihnen durch ihre Geburt gewiesen wurde, und ja keinen anderen zu versuchen; und zu jenen Epochen der Selbstoffenbarung des Weltgeistes war dies auch das Beste für sie. Nun aber steht wieder der Tag Brahmas [1]) unmittelbar bevor. Sein schöpferisches Feuer bewirkt, dass die Menschen einander in einem neuen Licht sehen. Hindu und Buddhist, Christ und Muslim, Parse und Hebräer — diese Namen werden zu bloßen Etiketten eines dahingegangenen Zeitalters. Besonders charakteristisch für das Herannahen des Tages Brahmas ist auch die Pfadfinderbewegung mit ihrem Internationalismus, ihrer Freiheit von jeder konfessionellen Beschränkung und vor allem ihrer nachdrücklichen Beto-

---

1) Des dritten Aspektes der indischen Dreieinigkeit. Nicht zu verwechseln mit „Brahman", dem absoluten, universalen Weltgeist, der sich in der Dreieinigkeit von Shiva, Vishnu und Brahma manifestiert.

(Anm. d. Übers.)

nung der Tat.

Einen anderen Beweis für das Heraufdämmern des Zeitalters des Heiligen Geistes erblicke ich darin, dass man jetzt immer mehr und mehr den Weg zur Erkenntnis durch die Tat sucht, während man bisher von der Erkenntnis aus zur Tat gelangte. Die vom schöpferischen Feuer berührt werden, stürzen sich kopfüber in die Tat, im Vertrauen darauf, dass sie ihre Religion später schon irgendwie finden werden. Und wenn wahrer Idealismus der Beweggrund ihrer Tat war, so werden sie auch gewiss ihre Religion finden. Der Priester des neuen Zeitalters wird seine Gemeinde nicht auffordern: „Lasset uns beten!“, sondern vielmehr: „Lasset uns wirken!“ Denn mit den rechten Motiven wirken kommt dem innersten Kerne des Gebetes gleich; nicht wer „am besten betet“, sondern wer „am besten rettet“, wird der Heilige der neuen Verkündigung sein.

Die Welt hat mehr Religion, als sie braucht, mehr Wissenschaft, als sie assimilieren kann. Eines aber fehlt: das Feuer der Begeisterung. Und doch wartet diese göttliche Begeisterung nur darauf, dass wir uns ihrer bemächtigen, wir brauchen nur die Hände auszustrecken und nach ihr zu greifen. Ich bin dessen sicher, dass dieses Buch uns Mittel und Wege zeigen wird, — nicht wie wir das Feuer der Schöpfung besitzen, sondern wie wir von ihm besessen werden können.

C. Jinarajadasa M. A.

VORWORT DES VERFASSERS.

Das vorliegende Buch ist das Ergebnis einer Reihe von Ansprachen, die ich einer Gruppe von Menschen hielt, die sich besonders für die Bedeutung und das Wirken der dritten Person der göttlichen Dreieinigkeit interessierte, die in der christlichen Religion Gott der Heilige Geist genannt wird. Ich hatte gehofft, die stenographischen Niederschriften dieser Ansprachen zu einem sorgfältig angelegten und redigierten Buch auszuarbeiten; doch unter dem Drucke anderweitiger Arbeit, der eher die Tendenz zu wachsen als abzunehmen hatte, sah ich mich vor die Alternative gestellt, entweder diese unvollkommenen Auszüge mit einigen geringfügigen Änderungen zu verwenden, oder aber die Veröffentlichung des Werkes um Jahre zu verschieben. Da es aber meiner Empfindung nach dringend nötig ist, dass man allgemein mehr über diesen Gegenstand wisse, habe ich mich zu Gunsten der ersten Möglichkeit entschieden.

Ich bin mir dessen bewusst und empfinde es sehr schmerzlich, dass das Werk des hohen Gegenstandes, den es behandelt, nicht würdig ist; an vielen Stellen konnte ich gewisse Lehren bloß andeuten statt sie eingehend auszuführen und zu erörtern. Dies gilt insbesondere für den Abschnitt über den Heiligen Geist als den göttlichen Intellekt. Eine vollkommenere Ausarbeitung der vielen dort erwähnten und besprochenen philosophischen Fragen wird mein nächstes philosophisches Werk bringen.

Die göttliche Dreieinigkeit, deren in diesem Buch Erwähnung getan wird, ist nicht jene ewige Dreieinigkeit der namenlosen Wirklichkeit, die hinter allen Universen steht, sondern die Dreieinigkeit, die sich im Logos eines Sonnensystems offenbart, der, wenn auch über alle Begriffe erhaben, doch ein manifestiertes, daher relatives und nicht absolutes Wesen ist.

Die in den Kapiteln „Vom Abbild zum Urtyp" und „Die Welt des göttlichen Intellektes" aufgeworfenen philosophischen Fragen machten es aber unvermeidlich, jene Welt des Wirklichen, das das Absolute, die Wirklichkeit aller Welten ist, in die Betrachtung einzubeziehen, und dies mag vielleicht dazu führen, dass jene absolute Welt der Wirklichkeit und die Welt des Heiligen Geistes, in der wir diese Wirklichkeit erleben, verwechselt werden. All dies wird, soweit mir dies möglich ist, in meinem Werke über die Philosophie seine Klarstellung finden.

In dem ganzen Werke wird die dritte Person der Dreieinigkeit mit ihrem christlichen Namen „Gott der Heilige Geist" bezeichnet, doch gilt selbstverständlich alles hier Gesagte ebenso für die dritte Person der Dreieinigkeit in anderen Religionen. So könnte man überall, wo das Wort Heiliger Geist angewendet wird, den Ausdruck Brahma einsetzen, ohne den Sinn zu ändern.

Anlässlich der Veröffentlichung dieses Werkes möchte ich allen jenen danken, die mir durch ihre Hilfe die Herausgabe des Werkes ermöglicht haben, dadurch, dass sie die Vorträge stenographisch aufzeichneten, sie abschrieben und druckreif machten, insbesondere Miss Violet Kathleen Maddox, Mr. Garold Morton, Mr. Byron Casselberry, Mr. David Dear und Mr. Collin Francis. Ohne ihre Mitarbeit hätte ich das Buch nicht veröffentlichen können, und ich hoffe nur, dass das Ergebnis ihre Mühe lohnen möge.

Soweit ich weiß, ist dieses das erste Werk in unserer theosophischen Literatur, das dem Wirken Gottes des Heiligen Geistes und seines erhabenen Vertreters hier auf Erden, des Mahachohan gewidmet ist. Möge es andere so anregen, dass ihm bald mehr und bessere folgen, und möge es allen jenen eine Hilfe sein, die versuchen, mehr von dem Wirken des Heiligen Geistes zu verstehen und mit seinem mächtigen Einflüsse in Berührung zu kommen. Beinahe grenzenlos erscheinen die Wohltaten, die uns aus einem solchen engeren Kontakt erwachsen können, und ich hoffe aufrichtig, dass eine stets wachsende Anzahl von Menschen in Zukunft mehr wissen wird von jener göttlichen Weisheit und jener höchsten schöpferischen Energie Dessen, der so wahr „der Herr, der Lebensspender", genannt wird.

Sydney, im Mai 1925.

Dr. J. J. van der Leeuw.

ERSTER TEIL.

DER HEILIGE GEIST ALS DER SCHÖPFER

Erstes Kapitel.

DER HEILIGE GEIST, EIN VERNACHLÄSSIGTER ABSCHNITT DER RELIGIONSGESCHICHTE.

Die Dreifaltigkeitslehre, eine der tiefsten und lichtvollsten Lehren, können wir, wenn auch unter verschiedenen Formen, in vielen großen Weltreligionen finden. Weit davon entfernt, nur ein Gegenstand metaphysischer Spekulation oder theologischer Spitzfindigkeit zu sein, der mit unserem täglichen Leben in keinem Zusammenhange steht, ist vielmehr die dreifältige Offenbarung der einen ewigen Gottheit die fundamentale Wirklichkeit alles Seins und sie durchdringt jede einzelne Manifestation des Lebens und der Form in der Außenwelt wie in der Welt unseres Inneren.

Die Größe der Theosophie oder göttlichen Weisheit ist nun darin gelegen, dass einunddieselben Lehren, die uns in der toten Orthodoxie der veräußerlichten Religionen wie geistige Fossilien anmuten, die jeder lebendigen Bedeutung bar sind, sich uns in ihr als erhabene Wirklichkeiten darbieten, von denen die theologischen Dogmen nur die äußere Hülle darstellen. Während der Dogmatiker nur die verdorrten Überreste dessen analysieren und klassifizieren kann, was einst wundervolle Blumen lebendiger Lehren waren, vermag der Theosoph diese innere Welt der lebendigen Wahrheit zu betreten, in der er die emporblühenden Blumen sehen und bewundern kann, die in dem le bendigen Boden der geistigen Welt wurzeln, wo er ihren Duft atmen und ihre strahlende Schönheit belauschen, ja, wo er das Leben und Wachsen des Organismus betrachten kann, zu dem sich die gepresste Blume des Dogmas wie der Tod zum Leben verhält. Dort kann er von den Wassern der lebendigen Wahrheit trinken und seinen Durst löschen, während die Theologie so oft nur die leeren Gefäße festhält und verehrt, in denen einst das Lebenswasser der Wahrheit den Menschen kredenzt wurde.

Nun finden wir, dass selbst unter den Theosophen, denen die göttliche Dreieinigkeit doch etwas so viel Realeres bedeutet als den meisten Anhängern der äußeren Religionen, die dritte Person der Dreieinigkeit fast gänzlich vernachlässigt wird. Wohl vermögen sie vielleicht das Wirken jenes großen Aspektes zu würdigen, der die Herrschaft über die Welt ausübt, das Wirken des göttlichen Herrschers, des ersten Logos; sie sind sich vielleicht auch der Lebenswichtigkeit bewusst, die der Arbeit des zweiten Logos in seinem Aspekt der göttlichen Liebe und Weisheit zukommt, die ungeheure Wichtigkeit aber des dritten Logos werden sie fast gar nicht gewahr, den die Christen den Heiligen Geist, die Hindu Brahma nennen. Hier gilt von ihnen das Gleiche wie von so vielen Anhängern der großen Religionen, welche die Lehre der Dreifaltigkeit verkünden, nämlich, dass sie ebenso glücklich wären, wenn die heilige Trinität nur aus zwei statt aus drei Personen bestünde.

DIE VERNACHLÄSSIGUNG DER DRITTEN PERSON IM HINDUISMUS.

Wenn wir uns nun diesen großen Weltreligionen zuwenden, so tritt dieser Mangel noch viel deutlicher hervor. So finden wir innerhalb des Hinduismus, der die dreieinige Gottheit als Shiva, Vishnu und Brahma anerkennt (entsprechend dem Vater, Sohn und Heiligen Geist des Christentums), viele Millionen Gläubige des Shiva und Vishnu und viele tausende Tempel sind diesen geweiht; aber im ganzen ungeheuren Lande Indien gibt es nur einen einzigen Tempel von einiger Bedeutung, der dem Brahma geweiht ist, und zwar in Puschkar bei Adschmir in Radschputana. Von diesem einen Tempel abgesehen, gibt es in ganz Indien nur noch drei Brahma-Heiligtümer untergeordneten Ranges und die Verehrung, die im Hinduismus der dritten Person dargebracht wird, steht in keinem Vergleiche zu den ungeheuren Wogen der Andacht und Verehrung, die täglich zu Shiva und Vishnu emporsteigen.

DIE VERNACHLÄSSIGUNG DER DRITTEN PERSON IM CHRISTENTUM.

Fast noch ärger ist es damit im Christentum bestellt. Viele Christen stellen sich etwas darunter vor, wenn sie Gott den Vater verherrlichen oder Gott den Sohn anbeten; wie viele aber verbinden irgendeine Vorstellung damit, wenn sie sagen, dass sie Gott den Heiligen Geist verehren? Wenn wir versuchen, in das Bewusstsein von christlichen Gläubigen zu schauen, wenn sie von Gott dem Heiligen Geist sprechen, gewinnen wir nur einen sehr unbestimmten und verschwommenen Eindruck; falls sie überhaupt irgendwelche Gedanken mit den Worten verbinden, die sie aussprechen, so sind es ganz verworrene Vorstellungen von Gott dem Heiligen Geist als dem Tröster, obwohl unklar bleibt, wen er trösten und wie dieses Trösten vor sich gehen soll, dann wieder begegnen wir primitiven Vorstellungen, in denen der Heilige Geist als Taube erscheint, die über dem Haupte des Herrn während der Taufe schwebt, obwohl hier wieder unverständlich ist, warum gerade die Taube, die doch ein sehr zahmes, sanftes Geschöpf ist, ein Symbol des Heiligen Geistes sein soll, dessen hauptsächliches Merkmal doch weniger Milde und Sanftmut als vielmehr die unwiderstehliche Kraft der göttlichen schöpferischen Energie ist. Vor allem aber können wir nirgends eine lebendige Beziehung zwischen diesen vagen Vorstellungen und dem täglichen Leben jener wahrnehmen, die da behaupten, Gott den Heiligen Geist zu verehren. Wir müssen indessen zugeben, dass die Verhältnisse, wenn auch all dies für die römisch-katholische Kirche und die englische Hochkirche zutrifft, bei der griechischen Kirche besser liegen, die seit jeher Gott dem Heiligen Geist besondere Verehrung dargebracht hat und in der das Wesen der dritten Person besser verstanden wird als in den anderen Kirchen. Im Großen und Ganzen wird aber innerhalb der christlichen Kirche die dritte Person der göttlichen Dreieinigkeit vollkommen vernachlässigt.

DER HEILIGE GEIST
IN DER FRÜHEN KIRCHE.

Dem ist aber nicht zu allen Zeiten so gewesen. In den frühesten Tagen des Christentums bedeutete der Heilige Geist im Leben der Christen eine Wirklichkeit. Solange Christus auf Erden wandelte, war er die Quelle und das Zentrum der Inspiration für seine Jünger und von ihm erwarteten sie Belehrung und Rat in allen Dingen. Vor seinem Tode verhieß dann Christus seinen Jüngern, dass er sie, wenn er auch in Kürze von ihnen gehen werde, doch nicht ohne Trost und Hilfe zurücklassen, sondern seinen Vater bitten werde, ihnen einen anderen Paraklet oder Helfer an die Seite zu geben, nämlich den Geist der Wahrheit oder den Heiligen Geist; und er verlieh jenen, denen er seine Hände auflegte, die Macht, den Heiligen Geist anzurufen, wie dies ja in der Kirche auch heute noch bei der Erteilung der Weihen geschieht. Stand so die Priesterschaft von den ältesten Zeiten an in einer besonderen Verbindung mit Gott dem Heiligen Geist, so war es auch für alle, welche die nötige Anstrengung machten, möglich, mit der Kraft des Heiligen Geistes selbst in Berührung zu kommen und aus ihr jene Fähigkeiten zu schöpfen, welche die Gaben des Heiligen Geistes genannt werden, wie: prophetische Rede, inspirierte Lehre, die Heilung der Kranken, die Austreibung unreiner Geister, das Reden „mit Zungen" und ähnliche Manifestationen. So trat in der frühen Kirche diese aus dem Innern wirkende Inspiration durch den Heiligen Geist an die Stelle der Inspiration, welche die Jünger des Herrn zu seinen Lebzeiten von ihm empfangen hatten. Es war natürlich nicht immer leicht, zwischen den echten Offenbarungen dieser großen Kraft und den häufigen hysterischen Exzessen zu unterscheiden, die sich als Offenbarungen des Heiligen Geistes ausgaben, in Wahrheit aber bloß die Symptome einer ungeordneten, aus dem Gleichgewicht geratenen Psyche waren. So fand es schon der Apostel Paulus für nötig, seine Gemeinde vor solchen unausgeglichenen und oft auch falschen Offenbarungen zu warnen, die in einigen dieser frühen Kirchen bald zu einer Quelle der Verwirrung und Unruhe wurden, und die sogenannte Häresie der Montanisten, ein Jahrhundert nach Paulus, war auch nur wieder die Wirkung einer angeblichen Offenbarung des Heiligen Geistes in Montanus und einigen seiner ergebenen Jünger. All dies ist aber nur ein Beweis dafür, welche Bedeutung Gott dem Heiligen Geist in der frühchristlichen Kirche zugeschrieben wurde und welche wichtige Rolle dieser Aspekt im Leben der damaligen Christen spielte.

DAS LATEINISCHE CHRISTENTUM UND DIE VATERSCHAFT GOTTES.

Dies alles änderte sich in dem Maße, wie das Christentum mehr und mehr in der Kirche zu Rom seinen Mittelpunkt fand. Was in jenen frühen Tagen das Christentum für die lateinische Welt so anziehend machte, waren nicht so sehr die Gaben des Heiligen Geistes, die sich durch seine Jünger offenbarten, als die Vorstellung von einem einzigen Gott, welcher der Vater aller Menschen und nicht nur der römischen Bürger war. Das religiöse Leben der unzähligen Millionen, die unter der römischen Herrschaft lebten, war nun nicht mehr durch die Vorrechte der Geburt oder des römischen Bürgerrechtes bedingt, sondern allen Menschen stand von nun an das religiöse Leben offen, denn alle waren Kinder eines liebenden Vaters, des einen Gottes. Diese Sehnsucht nach einer allgemeinen Bruderschaft der Menschen, die ebenso Barbaren wie Römer einschloss, war eines der hervorstechendsten Zeichen der Zeit und ein Symptom des weltweiten geistigen Erwachens, das damals vor sich ging. Schon die Verbreitung der Mythras-Mysterien war zum Teil diesen Tendenzen zuzuschreiben. Noch stärker war aber der Widerhall, den das Christentum mit seinem weltumfassenden Appell an alle Menschen linden musste. Verhieß es ihnen doch, mochten sie noch so niedrig, noch so sündhaft sein, die ewige Liebe Gottes des Vaters und bot ihnen allen die Möglichkeit jener geistigen Wiedergeburt, die Gott der Sohn im Triumphe vollendet und die er allen Menschen verheißen hatte. Die Lehre von der Vaterschaft Gottes aber, des einen göttlichen Vaters, der alle seine Menschenkinder liebt und ihnen seinen eingeborenen Sohn sandte, um ihnen den Weg zum Licht zu zeigen, sie war es, die zum herrschenden Faktor in der lateinischen Christenheit wurde.

DIE VEREHRUNG GOTTES DES SOHNES IM CHRISTENTUM DES MITTELALTERS.

Wieder änderte sich der Grundton der christlichen Religion, als sie sich nach West- und Nordeuropa verbreitete. Weder Gott-Vater noch Gott-Heiliger Geist sind es, die während des Mittelalters das religiöse Leben dieser so tief devotionellen Zeit beherrschen und inspirieren, sondern Jesus der Christus wurde die Zentralfigur des kirchlichen Lebens, der Schmerzensmann, der in seinem Leben die Lasten der ganzen Menschheit trug und in göttlichem Mitleid für eine sündige Welt sein eigenes Leben als Opfer dahinströmen ließ, damit die Welt gerettet werde. — So sehen wir im Mittelalter ein Christentum erstehen, in dem die Person Christi zum Hauptgegenstand all der glühenden Hingebung und mystischen Frömmigkeit wurde, deren das mittelalterliche Gemüt in so hohem Maße fähig war. Niemals hat eine heißere Anbetung, ein zarteres Mitleiden, eine innerlichere Einheit mit dem Leben Christi die Kirche verschönt und bereichert als in jenen Tagen, da die großen Heiligen und Mystiker des Mittelalters in der Glut ihrer Anbetung und der feurigen Hingabe ihres gottgeweihten Lebens geistige Verzückungen erlangten, die in der Geschichte der Kirche mit ihren leider so vielen Blättern unwissender Bigotterie und Verfolgung wie strahlende Sonnen leuchten.

DIE RENAISSANCE UND DAS KOMMENDE REICH GOTTES DES HEILIGEN GEISTES.

Noch einmal erleidet das Christentum eine Veränderung, wie der Mensch aus dem inneren Leben geistiger Gewissheit und tiefster Hingabe zur Entdeckung der ihn umgebenden Außenwelt erwacht, die er, der Mensch, erobern und erforschen kann. Diese Außenwelt entdeckt er aber nur auf Kosten der Innenwelt. Seit jenen Zeiten der Renaissance und der Reformation, in denen sich der Geist unabhängigen religiösen Lebens zu behaupten begann und der Mensch für sich selbst zu fragen und zu denken wagte, veräußerlichte sich das religiöse Leben immer mehr und mehr, bis es im Laufe des letzten Jahrhunderts so gut wie gänzlich aufhörte, eine Rolle im sozialen und Einzelleben des Menschen zu spielen.

Die Renaissance bedeutet aber auch den Beginn des Überganges zu einem neuen Abschnitt in der Geschichte des Christentums, in dem der herrschende Faktor der Aspekt des Heiligen Geistes sein wird. Die Geburt der Naturwissenschaft und die durch schöpferische Arbeit bedingte Erweiterung des menschlichen Denkens sind, richtig verstanden, ebenso viele Anzeichen für das kommende Reich Gottes des Heiligen Geistes. Man kann viele solche Anzeichen feststellen, die auf den wachsenden Einfluss des Heiligen Geistes hindeuten. Die Evolutionstheorie, die Philosophie Bergsons, die epochalen Arbeiten Einsteins ebenso wie die moderne Kunst mit ihrem Versuch, Bewegungen darzustellen, und ganz allgemein gesprochen das tiefere Verständnis für die Arbeit Gottes *in* dieser Welt, die uns umgibt, — all dies und vieles andere sind Zeichen der Zeit, die das Reich des Heiligen Geistes ankündigen.

Im Christentum der nächsten Zukunft wird Gott der Heilige Geist die gleiche überragende Stellung einnehmen, wie sie in der frühlateinischen Kirche Gott dem Vater und im Mittelalter Gott dem Sohne eingeräumt wurde. Wohl wird natürlich der lebendige Christus selbst, der das eigentliche Herz der christlichen Religion ist, stets die höchste Wirklichkeit der christlichen Kirche bleiben. Wie aber in jenen vergangenen Perioden der christlichen Geschichte die göttlichen Personen der Dreifaltigkeit abwechselnd vorherrschten, so wird in dem kommenden Zeitalter der Aspekt des Heiligen Geistes alles durchdringen und beeinflussen. Deshalb ist es heute wichtiger denn je, dass wir das Wesen der dritten Person der Dreieinigkeit, wie sie wirkt und unser tägliches Leben beeinflusst, nicht nur in der christlichen Religion, sondern in allen Weltreligionen besser verstehen lernen, denn dieser Einfluss wird sich überall fühlbar machen.

Die Zeiten sind vorüber, da der Aspekt des Heiligen Geistes ein vernachlässigtes Kapitel der Religionsgeschichte bleiben konnte, und die Zeit ist gekommen, da die Anhänger aller Religionen, ganz besonders aber die Theosophen, ein tieferes Verständnis für die ungeheure Arbeit und die höchst wunderbare Inspiration gewinnen sollten, welche die dritte Person der Trinität, Gott der Schöpfer, Gott der Heilige Geist, zu vollbringen vermag.

Zweites Kapitel.

DAS FEUER DER SCHÖPFUNG.

Der bloße Gedanke, dass wir irgendetwas vom Wesen Gottes begreifen könnten, wird vielen beinahe als Gotteslästerung erscheinen. Sie glauben eben, dass Göttliches dem Menschen nur durch Offenbarung mitgeteilt wird und identifizieren dabei diese Offenbarung mit den Dogmen ihrer besonderen Kirche. Es würde ihnen niemals einfallen, die Möglichkeit auch nur zu denken, dass der Mensch aus eigener Kraft versuchen sollte, in die Geheimnisse des göttlichen Geistes einzudringen. Ihre übliche Antwort auf jede derartige Andeutung lautet dann, dass es nicht die Bestimmung des Menschen sei, alle Dinge zu wissen, und dass Gott, wenn es in seiner Absicht gelegen wäre, dass der Mensch jene Geheimnisse begreifen solle, dies bestimmt ausdrücklich in der Offenbarung gesagt hätte, die er durch Christus uns zuteilwerden ließ. Nun ist dies kein richtiger Standpunkt, denn schon die bloße Tatsache, dass dem Menschen die unbezwingbare Sehnsucht innewohnt, die höheren Dinge zu begreifen, ermöglicht es ihm, dieses Verständnis auch wirklich zu erlangen, und wenn auch Gott und die Dreifaltigkeit Mysterien sind, die kein menschliches Bewusstsein wird jemals ganz erfassen können, so besteht für uns doch sicherlich wenigstens die Möglichkeit, einen Schimmer jener Wirklichkeit zu erhaschen, die diese Lehren in sich bergen.

In diesem ganzen Universum gibt es nichts, das von

Gott getrennt wäre. Es ist nicht Gott auf der einen und das All auf der anderen Seite, ein göttliches Wesen hoch oben und unten eine der Göttlichkeit entblößte Welt, sondern in jedem Punkt seines Universums ist Gott gegenwärtig und so kann man auch von jedem Punkt aus sich ihm nähern und ihn erleben. Gäbe es irgendein Ding außerhalb Gottes, Gott wäre nicht die allmächtige und letzte Wirklichkeit, die er ist, und wenn auch die Gottheit zweifellos unendlich größer ist als das Weltall, das sie geschaffen, so ist doch jeder Teil, jedes Teilchen, vom winzigsten Atom bis zum mächtigsten Planeten wesentlich, gänzlich und durchaus göttlich. So ist Gott und also auch die Dreieinigkeit, die Gott ist, in allen Reichen der Natur um uns geoffenbart, im Atom, im Mineral, in der Pflanze, im Tier ebenso wie in uns selbst.

DIE DREIEINIGKEIT IM MENSCHEN.

Nichts ist uns näher, als unser eigenes Bewusstsein. Es ist das Einzige, was wir unmittelbar zu erkennen vermögen, und so ist es nur natürlich, dass auch der Versuch, irgendeinen Schimmer der göttlichen Trinität und im Besonderen der dritten Person zu begreifen, in und mit unserem eigenen Bewusstsein beginnen muss.

Die Psychologie, die Wissenschaft, welche die Erscheinungen des Bewusstseins erforscht, hat drei Grundfunktionen des Bewusstseins festgestellt und anerkannt: Wille, Wahrnehmung und Denken. Und diese entsprechen den drei Aspekten der Dreieinigkeit: Vater, Sohn und Heiliger Geist. Dreifältig ist der Gott in uns ebenso wie der Gott außer uns, denn es ist nur ein Gott und wir selbst sind unserem Wesen nach göttlich. Diese Dreieinigkeit, durch die sich das Bewusstsein manifestiert, bezeichnet man in der theosophischen Literatur als die menschliche Dreifaltigkeit von ATMA, dem göttlichen Willen in uns (die Willensfunktion der Psychologie), BUDDHI, der göttlichen Liebe und des göttlichen Verstehens in uns (die „Wahrnehmung" der Psychologie) und MANAS, dem göttlichen Intellekt in uns (die „Denk"-Funktion). Diese menschliche Dreifaltigkeit ist aber mehr als eine bloße Entsprechung der göttlichen, sie ist in einer wunderbaren Weise mit ihr eins. So können wir uns tatsächlich durch Atma dem Vater-Aspekt, durch Buddhi Christus dem Sohn und durch Manas Gott dem Heiligen Geist nähern.

DAS DREIFÄLTIGE INSTRUMENT
DES ZEITLICHEN SELBSTES.

Wir dürfen aber das Bewusstsein in seinen drei Aspekten des Wollens, Wahrnehmens und Denkens nicht mit dem Werkzeuge verwechseln, durch das sich das Bewusstsein, das innere Selbst, manifestiert. Dieses dreifältige Instrument, durch das sich unser dreieiniges Bewusstsein offenbart, ist unser physischer Leib, unser Gefühls- und unser Gedankenkörper. Diese drei Körper bilden das, was wir in der theosophischen Terminologie die „Person" während eines besonderen Lebens nennen, das Instrument, durch welches das Selbst dahinter Erfahrungen sammelt und wodurch es wächst. Wenn wir uns nun unserem inneren Bewusstsein nähern wollen, um durch seine Vermittlung zu einem besseren und tieferen Verständnis der Dreifaltigkeit zu gelangen, deren Ausdruck im Menschen es ja ist, so müssen wir vor allem lernen, durch einen Meditationsprozess unser Bewusstsein von den Körpern loszulösen, mit denen wir uns im täglichen Leben ja ganz identifizieren. Wenn wir an uns denken, so sind wir immer nur zu sehr geneigt, uns als die besondere persönliche Erscheinung, die uns im Augenblick eignet, mit all den intellektuellen und emotionellen Eigenschaften, die uns anhaften — kurz, uns als das vorzustellen, was zu unserer gegenwärtigen Person gehört. Diese Gleichsetzung, die wir zwischen unserer inneren Seele und dem Werkzeug vollziehen, durch das sich diese Seele ausdrückt und äußert, ist das erste Hindernis, das wir überwinden müssen, wenn wir jenes erweiterte Wissen erlangen wollen, das wir anstreben. Anfangs ist es uns natürlich kaum möglich, uns von all dem getrennt zu denken, was wir durch so viele Jahre für unser wahres Selbst gehalten haben, — von unserem ganzen physischen Wesen, das unseren Namen, unser Antlitz trägt, unsere Eigenschaften und Fähigkeiten ausdrückt. Und wenn wir damit beginnen, alles, was nicht das Selbst ist, abzulegen und danach zu streben, unser wahres Selbst als von allem Nicht-Selbst getrennt zu erfassen, dann will es uns beinahe scheinen, als ob gar nichts zurückbliebe.

Was verbleibt uns denn wirklich, wenn wir unsere körperliche Erscheinung, unsere Wünsche und Begierden, unsere Gedanken, Meinungen und Vorurteile, kurz all das wegnehmen, was wir in unserem täglichen Leben darstellen? Anscheinend nichts. Und dennoch: wenn wir nur in unseren Meditationen die regelmäßige, ununterbrochene Anstrengung machen, uns selbst von diesem Instrument zu scheiden, das wir unsere Person nennen, und versuchen, sie eben nur als eine von den vielen hundert Personen anzusehen, durch welche die innewohnende Seele Leben nach Leben Erfahrungen gesammelt hat, so kommt ein Augenblick, wo die Leere, die nach der Abstreifung alles Persönlichen zurückblieb, von dem Bewusstsein unseres wahren Selbstes erfüllt zu werden beginnt. Erst wenn der Kelch unseres Seins leer ist von allem Persönlichen, kann er mit dem Wein unseres göttlichen Lebens gefüllt werden, und wenn wir diesem Leben zum ersten Male in unserer Meditation begegnen, so ist es uns, als ob wir eine neue Welt beträten, nicht mehr eine Welt der Erscheinungen, der Phänomene, sondern eine Welt des Bewusstseins, eine Welt, in der wir eins werden mit dem, was wir zu wissen begehren. [1])

DIE DREI PFADE.

Diese Berührung mit dem höheren Selbst wird je nach dem Typus oder Strahle der Person, die diesen Versuch unternimmt, entweder auf dem Wege des Willens oder dem der Liebe und des Verstehens oder auf dem des schöpferischen Denkens zustande kommen. Denn drei Hauptpfade gibt es, auf denen sich die innere Entfaltung vollzieht, die den drei Personen der göttlichen Dreifaltigkeit entsprechen, und zwar der Pfad des Willens dem Vater, der Pfad der Liebe dem Sohn und der Pfad des Denkens dem Heiligen Geist. Dieser letztere ist es, der uns hier interessiert, und wenn wir uns von unserer augenblicklichen Person befreien, müssen wir versuchen, unser höheres Selbst durch diesen Aspekt des Intellektes oder des Manas zu erreichen. Durch ihn können wir dann mit jener Kraft des Heiligen Geistes in Berührung kommen, die wir zu erleben suchen, und wenn wir Erfolg haben und wirklich diese Berührung erringen, ist das Erlebnis ein wahrhaft wunderbares.

---

1) Die geistigen Übungen, durch die wir lernen, unser Bewusstsein von den Beschränkungen zu befreien, die ihm in den Welten der Erscheinung auferlegt sind, werden in meinem kleinen Werke „Götter in der Verbannung" ausführlicher beschrieben. (— Neuauflage Verlag Edition Geheimes Wissen, Graz).

Anm. d. Verf.

DAS ERLEBEN DES HEILIGEN GEISTES.

Unsere erste Empfindung ist dann die, als hätten wir eine geistige Stromleitung berührt: wir erleiden eine Erschütterung, die unser ganzes Sein belebt; eine Energie durchschauert uns, die weit größer ist, als alles, womit wir je zuvor in Berührung kamen; wir werden gleichsam zu schöpferischer Tätigkeit elektrisiert. In einem solchen Augenblick fühlen wir nicht nur, dass wir Dinge tun wollen, sondern vielmehr, dass wir alles tun können; es gibt anscheinend kein Hindernis, das noch imstande wäre, dieser ungeheuren Energie, die wir in uns fühlen, zu widerstehen. Es ist, als ob wir mit der Kraft Gottes selbst geladen wären. Und dies ist auch wirklich der Fall; die Energie, deren wir uns hier bewusst werden, ist die schöpferische Energie Gottes, die Kraft des Heiligen Geistes, die sich durch unseren eigenen göttlichen Intellekt offenbart. Gott der Heilige Geist ist Gott in seiner schöpferischen Tätigkeit, gerade wie der Gedanke die schöpferische Kraft im Menschen ist, durch die das menschliche Leben in allen Welten geformt wird.

Der schöpferische Wille in der heiligen Dreieinigkeit ist Gott-Vater; der in seiner eigenen Schöpfung gekreuzigte Gott ist der Sohn; Gott jedoch in seiner schöpferischen Tätigkeit, der sein Weltall denkt und es durch die Kraft seines göttlichen Gedankens schafft, ist Gott-Heiliger Geist. Diese Energie Gottes ist es, mit der wir durch den höheren Intellekt in uns in Berührung kommen, und wenn wir sie erleben, dann begreifen wir auch, dass es im ganzen Weltall nur Eine Macht, Eine Kraft, Eine Energie gibt, die schöpferische Energie Gottes, die Kraft des Heiligen Geistes. Und dies gilt ebenso für das Universum, das uns umgibt, wie für die Welt unseres eigenen Bewusstseins. Alle Kräfte und Energien in der Natur sind eine Offenbarung der schöpferischen Kraft Gottes des Heiligen Geistes, ebenso wie alle Kräfte und schöpferischen Energien in uns selbst eine Offenbarung derselben höchsten schöpferischen Kraft sind. Die Kraft, die das Atom aufrecht hält, die jenen Energiewirbel schafft, als den die modernen Forscher das Atom festgestellt haben, die Kraft, welche die Sonne zu einer anscheinend unerschöpflichen Quelle des Lebens und der Energie gestaltet, die den Menschen in seinem eigenen inneren Leben zu einer strahlenden Sonne schöpferischer Energie macht, einer Energie, die in dem Maße wächst, in dem von ihr geschöpft wird, — all das ist die Offenbarung Gottes des Heiligen Geistes, der schöpferischen Energie der Gottheit, die wir so erleben.

Wenn wir durch die andauernde Anstrengung der Meditation versuchen, mit der Kraft des Heiligen Geistes durch den göttlichen Gedanken in uns in Berührung zu kommen, der sein Ausdruck in unserem Bewusstsein Ist, dann ist es uns, als berührten wir das Feuer der Schöpfung selbst; für einen Augenblick fühlen wir uns in den Wirbel jener kosmischen Schöpferkraft emporgezogen, die aus Nebelflecken Sonnensysteme schafft, die alles Leben, alle Form in allen Welten trägt, die das ganze Universum in seinem Bestände erhält. Es fehlen die Worte, den Glanz und die ehrfürchtigen Schauer einflößende Gewalt dieses Schöpfungsfeuers zu beschreiben, das die ganze Welt trägt und aufrecht hält. Stellen wir uns einen ungeheuren flammenden Wirbel vor, in dem Welten entstehen und vergehen, Myriaden Katarakte lebendigen Feuers, von denen jeder Funke die Kraft hat, zu schaffen und zu zerstören, — stellen wir uns das ganze Weltall mit allem, was in ihm ist, aller Materie, allen Dingen und Geschöpfen als Teile dieses gigantischen Feuers der Schöpfung vor, die von ihm verursacht, von ihm erhalten und im Laufe der Zeit von ihm wieder zerstört werden; stellen wir uns vor, dass wir für einen Augenblick in das Laboratorium des Weltalls, in die Retorte blicken, in der Sonnensysteme geschaffen und wieder aufgelöst werden, in die Werkstatt Gottes des Heiligen Geistes, wo der göttliche Schöpfer Welten und Wesen ins Dasein ruft, — versuchen wir nur für einen Augenblick mit der Unendlichkeit dieser kosmischen Denk-Energie in Berührung zu kommen, und wir werden etwas davon begreifen, was Gott der Heilige Geist in unserem täglichen Leben bedeutet.

DIE NIE BEENDETE SCHÖPFUNG.

Wie grenzenlos ungenügend und lebensleer erscheint uns nun die alte theologische Vorstellung, welche von Gott dem Schöpfer glaubt, er habe seine Welt in sechs Tagen erschaffen, gleichsam wie eine Uhr, die er aufzog, um sie von selbst ablaufen zu lassen, und nachdem er seine Welt geschaffen und für gut befunden hatte, beschäftige ersieh weiter nicht mehr mit ihr, außer in den seltenen Fällen gelegentlichen göttlichen Eingreifens.

Aber die Schöpfung ist nicht ein von Gott nur einmal vollzogener Akt; das Universum ist keine Maschine, die, einmal in Gang gebracht, nun während einer Weltperiode läuft, sondern Schöpfung ist, wie schon Origines betonte, ewig. Wir begreifen hier wiederum den ungeheuren Unterschied, wenn wir für das Reich der Theologie, der Spekulation über Gott, das der Theosophie, des Erlebens Gottes, eintauschen. Wenn wir über Gott nach Art der Theologen spekulieren, dann mögen wir durch die Vorstellung, Gott habe seine Schöpfung beendet und ihrer eigenen Entwicklung überlassen, vielleicht unserer Phantasie zu Gefallen sein, wenn es uns aber in einem Augenblick, da wir unser eigenes Selbst erschauen, gelingt, auch nur ein Bruchteilchen des Göttlichen zu *erleben*, dann werden wir der Tatsache inne, dass die Schöpfung nicht nur nicht ein einziger Akt Gottes war, den er einmal in der Zeit vollzogen und seither nicht mehr wiederholt hat, sondern dass Schöpfung das Wesen des Göttlichen ist, das eigentliche Sein Gottes, und dass wir ebenso wenig Schöpfung von Gott wie etwa die Sonnenstrahlen von der Sonne selbst trennen können. Wäre es nicht, dass der Gottheit eben kaum irgendeine Eigenschaft zugeschrieben werden kann, könnten wir sagen, dass es ebenso zur Natur Gottes gehört, zu schaffen, wie es die Natur des Vogels ist, zu singen, oder des Wassers, feucht zu sein, oder des Feuers, zu glühen. Was wir als die Schöpfung Gottes anzusehen versucht sind, ist in Wahrheit sein eigentliches Wesen, seine Offenbarung in schöpferischer Tätigkeit, die in der Theosophie der dritte Logos, im Hinduismus Brahma, der Schöpfer, und im Christentum der Heilige Geist genannt wird.

Niemals, auch nicht für einen einzigen Augenblick ist die Schöpfung unterbrochen. Die indische Philosophie drückt dies sehr gut aus, wenn sie sagt, dass dieses ganze Weltall Gottes Vorstellung ist, dass solange er dieses Gedankenbild, das sein Universum ist, festhält, die Welt besteht, dass aber, wenn seine Aufmerksamkeit auch mir für einen Augenblick abgelenkt würde, wenn er dieses Bild fahren ließe, im gleichen Augenblick das ganze anscheinend so fest gefügte Weltall mit all seinen mannigfaltigen Formen und Geschöpfen sich in nichts verflüchtigen würde. Und wahrlich: weit davon entfernt, nur ein Begriff theologischer Spekulation oder Spitzfindigkeit zu sein, ist Gott der Heilige Geist eine ungeheuer große und tatsächliche Wirklichkeit in unserem täglichen Leben, denn ohne ihn wäre eben unser tägliches Leben nicht. Jeden Tag, in jeder Sekunde unserer sogenannten Zeit geht der Schöpfungsprozess vor sich; die ganze Zeit strömt das Leben

Gottes in seine Schöpfung durch die Vermittlung Gottes des Heiligen Geistes, der so richtig „der Herr, der Spender des Lebens" genannt wird. Und diesem göttlichen schöpferischen Intellekt können wir uns durch unseren eigenen höheren Intellekt nähern und so in uns jene mannigfaltigen Offenbarungen erzeugen, welche die Gaben des Heiligen Geistes genannt werden. Haben wir aber einmal auch nur einen Bruchteil der Bedeutung begriffen, die dem Werk des Heiligen Geistes im Weltall um uns wie in uns selbst zukommt, dann können wir nie mehr die Bedeutung dieses dritten Aspektes der Gottheit für unser Leben verkennen; dann ist der Heilige Geist zu einer Wirklichkeit in unserem täglichen Leben geworden.

Drittes Kapitel.

DER RYTHMUS DES LEBENS.

Der Schöpfungsvorgang ist eine Begrenzung, die sich Gott selbst auferlegt, eine Beschränkung seiner unendlichen Gegenwart innerhalb seines Universums, ein Ausströmen aus der Einheit der göttlichen Seligkeit in die Vielfalt der göttlichen Selbstvergessenheit. — Wohl gibt es nichts außerhalb Gottes: das Atom, die Pflanze, das Tier, der Mensch selbst, alle sind sie vollkommen göttlich. Aber in seiner Schöpfung vergisst Gott seiner selbst und so vermag sich auch der Mensch auf den niederen Stufen seiner Entwicklung noch nicht als göttlich zu erkennen. Erst nach vielen, vielen Leben in der Materie, in denen seine Aufmerksamkeit nach außen auf das geschaffene Universum gerichtet wurde, entdeckt der Mensch das göttliche Selbst wieder, das auch sein wahres Selbst ist, und beginnt den Weg zu beschreiten, der zu Gott zurück führt. So ist das Ziel der menschlichen Entwicklung die Vereinigung oder das Einswerden mit Gott, der Yoga der Hindu, die unio mystica der christlichen Mystiker.

DER GÖTTLICHE ATEM.

Alle Schöpfung ist so zwiefacher Natur: ein Hinausgehen aus der Einheit in der Gottheit in die Vielfalt des geschaffenen Daseins und eine Rückkehr aus der Vergessenheit im Stoffe zur bewussten Einswerdung in Gott.

Dies ist der ewige Rhythmus der Schöpfung, den die Hindu-Philosophie den „Atem des Brahma" nennt: das Ausatmen bewirkt das Weltall und das Einatmen löst dieses wieder in die Einheit auf. Es ist übrigens bemerkenswert, wie viele Worte, die „Geist" bezeichnen, gleichzeitig die Vorstellung des „Atmens" in sich schließen; so das Sanskrit-Wort ATMA, das hebräische RUACH, das griechische PNEUMA, das lateinische SPIRITUS, die alle entweder direkt Atem bedeuten oder aber zu diesem Begriff in enger Beziehung stehen.

Dieser Atem der Gottheit ist der Schöpfungsrhythmus, der die Natur alles Göttlichen ist und den wir also in allen Dingen, in allen Zyklen der geoffenbarten Welt, vom größten bis zum kleinsten wahrnehmen können. Es ist ein Grundgesetz alles Naturgeschehens, dass es in Zyklen abläuft, die nur der Ausdruck des Schöpfungsrhythmus sind, und alle unsere Zeitzyklen, die Yugas der Hinduphilosophen, alle Evolutionszyklen, sie sind die Offenbarungen jenes einen ewigen Kreislaufes der Schöpfung, in dem und durch den das ganze Weltall besteht.

Das Erwachen eines Universums aus der Einheit des PRALAYA, sein Bestehen in der Vielfalt während eines MANVANTARA äußerer Geoffenbartheit und seine Rückkehr durch diese Offenbarung zur Einheit göttlichen Seins ist der größte dieser Schöpfungszyklen; aber wie in dieser größten Zeitperiode können wir auch in dem kleinen Abschnitt eines einzigen Tages den ewigen Rhythmus der Schöpfung erschauen.

Am Morgen erwacht die Welt aus der Einheit der Nacht zur Vielfalt äußerer Tätigkeit und wir erleben beim Sonnenaufgang die Empfindung eines triumphierenden Erwachens des aus der Ruhe der Nacht wiedergeborenen Lebens. Am Mittag erreicht der Kampf der nach außen gerichteten Tätigkeiten, der Widerstreit der ringenden und sich mühenden Geschöpfe seinen Höhepunkt. Am Abend aber, wenn die Arbeit des Tages vorüber ist, kehrt die Welt wieder zur Ruhe zurück und ein Frieden liegt in jedem Sonnenuntergänge, der wie linder Balsam die Wunden heilt, die der Kampf des Tages schlug. In dem Augenblick, da die Sonne hinter dem Horizont verschwindet, ist es, als ob die ganze Welt sich in vereinter Anbetung Gottes beugte, alle Kreatur scheint in der Harmonie des Geistes miteinander verbunden und wieder kehrt eine Welt, von Kampf und Leid ermüdet, in die göttliche Ruhe zurück, aus der sie am Morgen erwacht war; der Atem der Schöpfung wird wieder eingezogen.

Und wie im Zyklus eines einzelnen Tages, so finden wir den Schöpfungsrhythmus wieder im Zyklus des Jahres. Im Frühling erwacht die Natur aus der Einheit und Ruhe des Winters und wird mit all der Freude und Lebendigkeit der Jugend wiedergeboren. Im Hochsommer prangt die Vielfalt der äußeren Offenbarung in ihrer vollsten Pracht, erlebt die Natur ihren größten Glanz, ihre höchste Glorie. Und im Herbste beginnt wieder die Rückkehr zur Einheit: eine sanfte Melancholie, ein Friede, wie wir ihn im Frühling nicht finden, durchweht den Herbst, in dem alles zu dem Einen Leben Gottes zurückzukehren scheint, aus dem es einst hervorgegangen war. Im Winter ist dann alles zur Ruhe gegangen und alles Leben scheint sich aus der äußeren Natur zurückgezogen zu haben, um wieder die Vereinigung mit dem Urgeist zu feiern. Der Atem der Schöpfung ist zurückgekehrt, für diesen Augenblick ist alles eins mit Gott. Und in dieser tiefsten Mitternacht des Winters, in der Christnacht, wenn alles äußere Leben schweigt, wird der Christus, das göttliche Kind, von neuem geboren. Es ist eine tiefbedeutsame Tatsache, dass die Geburt Christi zu der Zeit des Jahres gefeiert wird, da der Geist, der innen wohnt, offenbar ist und die Natur draußen tot erscheint.

DER ZYKLUS DES MENSCHLICHEN LEBENS.

Auch im Leben des Menschen offenbart sich der gleiche ewige Rhythmus der Schöpfung. Das Kind ist gleichsam noch eins mit dem Leben der Gottheit; eine Harmonie und Grazie durchwebt die Kindheit, die in dem Maß verloren gehen, in dem das Kind heranwächst. Mit dem Erwachen der Individualität wendet sich die Seele von der göttlichen Einheit ab und wird das gesonderte Geschöpf, das in der Fülle seiner individuellen Entfaltung für sich selbst kämpft. Im Alter aber sehen wir zuweilen jene wunderbare Rückkehr zur Einheit, wo ein sanfter, abgeklärter Friede sich auf die Seele niederlässt, die den Kreislauf ihres Daseins beendet hat.

Das Leben eines Menschen ist aber nur ein Tag in dem größeren Leben des ewigen Geistes, der das wahre Selbst des Menschen ist. Auch in diesem größeren Lebenslaufe, in dieser Pilgerfahrt der Seele, finden wir wieder den Rhythmus der Schöpfung geoffenbart. Es wandert die Seele im Verlaufe ihrer vielen Leben auf Erden von der Einheit in Gott durch Zeitalter des Leidens in der Materie — einer Kreuzigung in der Welt äußeren Daseins — zurück zu Gott, von dem sie gekommen war, nun aber in voller Selbstbewusstheit und beladen mit der Ernte, die sie in den Zeiten ihres Leidens gesammelt hat.

DAS LIED DER SCHÖPFUNG.

So sehen wir allüberall, wohin wir auch blicken, den ewigen Atem der Schöpfung: das Ausatmen in die Vielfalt des geoffenbarten Daseins und das Einatmen, die Rückkehr zur Einheit in Gott. Das ist das Lied der Schöpfung, der ewige Gesang Gottes, und alle Lieder und Gesänge in dieser Welt sind nur dessen Teile. Jede Kreatur, jedes Ding, jedes Atom der Materie, alles was ist und was geschieht, ist eine Note in dieser gewaltigen Schöpfungssymphonie. Gott der Heilige Geist lässt Sein Lied in unserer Seele wie im kleinsten Atom erschallen. Und haben wir einmal das Lied dieser Schöpfung vernommen, dann kann uns die Welt nicht mehr hässlich und böse erscheinen, denn was wir hässlich oder böse nennen, ist in Wirklichkeit nur unsere Unfähigkeit, die Auflösung der anscheinenden Dissonanzen in die größere Harmonie des Schöpfungsrhythmus zu hören. Erst wenn wir in unserem eigenen Bewusstsein diesen Gesang des Heiligen Geistes haben erklingen hören, können wir ihn überall vernehmen und dann löst sich das ganze Weltall mit seinen Millionen Kreaturen, seiner unaufhörlichen Tätigkeit, seinen scheinbaren Misstönen und Disharmonien, all seinem Elend und Leid auf in die eine pulsierende Harmonie des Gesanges der Schöpfung. Nichts bleibt übrig als der eine majestätische Rhythmus, in dem wir alle wie die einzelnen Töne in einer großen Symphonie leben, weben und sind, — der Rhythmus der Welt, der Rhythmus unserer menschlichen Seele, der Rhythmus des Lebens.

DIE DREI STUFEN DER SCHÖPFUNG.

Drei Hauptabschnitte können wir in dem großen Schöpfungszyklus unterscheiden. Während des ersten ist die Schöpfung noch gleichsam eingehüllt vom göttlichen Leben und die Einheit dieses Lebens ist es, die in der geoffenbarten Schöpfung vor allem zum Ausdruck kommt. Während des zweiten Abschnittes gelangt der Atem der Schöpfung an seine äußersten Grenzen und die Einheit des

Lebens verliert sich in die Vielfalt des äußeren Daseins. Und schließlich kehrt im dritten Abschnitt das göttliche Leben nach seiner Kreuzigung in der Materie zu sich selbst zurück, nunmehr aber in der vollen Selbstbewusstheit, die es sich in den Äonen der Evolution durch die gesonderten Daseinsformen erworben hat. — Die erste Stufe nennen wir die Stufe der NATUR; auf ihr identifiziert sich das göttliche Leben mit der Gesamtheit all der zahllosen und verschiedenen Schöpfungsformen und nicht nur mit einer im Besonderen. Deshalb gibt es in der Natur keine Individualität; die Harmonie des sich als Naturgesetz offenbarenden Einen göttlichen Willens kann durch die Gesamtheit der Schöpfung schwingen, ohne dem Widerstand irgendeines Sonderwillens zu begegnen. Eine Einheit, eine Harmonie herrscht in der Natur, in der alle gesonderten Formen und Geschöpfe zu einem großen koordinierten Ganzen zu verschmelzen, in der aller Kampf und Streit in der Natur sich aufzulösen scheinen. Der Grund, weshalb die Schöpfung in der Natur so schön und harmonisch ist, liegt darin, dass sich die schöpferische Tätigkeit der Gottheit ungehindert durch sie zu offenbaren vermag; das einzelne Geschöpf in der Natur gibt nicht vor, ein Schöpfer zu sein, und so besteht auch nicht die Gefahr, dass die göttliche Schönheit durch individuelle Disharmonie entstellt wird. Selbst die zahllosen Wesen, die dem sogenannten Naturreich der Engel angehören, die Elementarwesen, Naturgeister, Engel oder Devas wirken niemals individuell schöpferisch, sondern bilden stets einen Teil der einen Schöpfungstätigkeit Gottes.

DIE EINHEIT IN DER NATUR.

Wir dürfen aber diese anscheinende harmonische Zusammenarbeit von Naturgeschöpfen nicht überschätzen.

Wenn wir das Leben der Bienen oder Ameisen beobachten, so können wir nicht umhin, die vollkommene Koordiniertheit ihres Gemeinschaftslebens zu bewundern, und wir sind dann nur zu gerne geneigt, es mit dem Chaos unseres gesellschaftlichen Lebens zu vergleichen — ein Vergleich, der dann sehr zu Ungunsten des letzteren ausfällt. Ein solcher Vergleich ist aber ungerecht; die Einheit in der Natur ist ja nicht das Ergebnis des gewollten und bewussten Zusammenarbeitens gesonderter Individuen, sondern wird nur dadurch ermöglicht, dass es überhaupt noch nichts Individuelles gibt, das die Einheit des Ganzen trüben könnte. So ist die Natur vielmehr eine Stufe unbewusster Einheit, auf der die göttliche Schöpfungskraft sich ohne Hindernis auswirken kann.

DIE ZWEITE STUFE: DIE KULTUR.

All dies ändert sich, wenn die Individualisierung, die Menschwerdung des Lebens einsetzt. Indem das Individuum sich von der Gruppenseele loslöst, beginnt sein besonderer Wille sich zu behaupten und von diesem Augenblick an ist die göttliche Einheit, das Wunder der Natur dahin, die Harmonie und Schönheit des naturhaften Lebens verschwindet und an ihrer Stelle erscheinen Disharmonie, Chaos und Verwirrung. Auf der Stufe der Natur war es nur die Tätigkeit Gottes, die schöpferisch wirkte; die einzelnen Geschöpfe versuchten nicht, ihren eigenen Schöpfungsplan für sich selbst zu entwerfen und auszuwirken. Dies ändert sich, sobald der Mensch auf den Plan tritt: die Harmonie der *Natur* macht der Disharmonie der *Kultur* Platz. Denn wie das Wort „Natur" die Stufe bezeichnet, auf der die Bedeutung der einzelnen Schöpfungsform durch die Geburt in der Gattung bestimmt wird, so wird mit „Kultur" (vom lat. colo: ich bearbeite) jene Stufe gekennzeichnet, auf der das einzelne Individuum seine Umwelt umzubilden, sie neu zu schaffen beginnt. Der Mensch ist aber kein Schöpfer wie Gott und so ist überall, wo er versucht, Gottes Schöpfung zu verbessern, das Ergebnis ein sehr wenig befriedigendes. Eine gewisse Gekünsteltheit, ein eigensinniges Befolgen seiner eigenen Pläne und Neigungen herrscht in allen Schöpfungen des Menschen, das den Plan und die Zwecke des größeren Ganzen nicht berücksichtigt und das die oft erschreckende Hässlichkeit unseres menschlichen Daseins bewirkt. Wir brauchen nur die Straßen unserer modernen Großstädte genau zu betrachten, um einen Beweis für diese individuelle Lust am getrennten Schaffen zu finden. Jedes Haus ist die Schöpfung eines Individuums, das seine eigenen Vorstellungen von Schönheit und Zweckmäßigkeit zu verwirklichen suchte, ohne die geringste Rücksicht darauf zu nehmen, wie dies seitens seiner Nachbarn schon geschehen war. Und so verdienstvoll auch die Bemühung jedes einzelnen sein mag, das Ergebnis ist stets von verheerender Wirkung. In der Natur selbst sind die Spuren menschlicher Kultur stets zerstörender Art und die von Gott geschaffene Schönheit des naturhaften Lebens wird von der Kultur des Menschen stets nur verstümmelt.

Und doch ist dies eine überaus notwendige Stufe. Denn das Individuum muss alle Kräfte und Fähigkeiten seines anscheinend gesonderten Wesens entfalten, bevor es in voller Selbstbewusstheit zu dem Leben der Gottheit, das sein rechtmäßiges Erbe ist, zurückkehren und die Göttlichkeit wieder in Besitz nehmen kann, die es für eine Weile bloß vergessen hatte. So kommt stets der Augenblick, da der Mensch die Sinnlosigkeit seiner Illusion, von allem anderen getrennt zu sein, und seines Strebens begreift, äußere Dinge, Macht oder Reichtümer für ein getrenntes Selbst zu erwerben, das in seiner Sonderexistenz doch eine Unwirklichkeit ist; es kommt der Augenblick, da die Früchte der Begierde in seinem Mund zu bitterer Asche werden und der Mensch in grenzenloser Ermattung und Verzweiflung die Verfolgung äußerer Zwecke von sich wirft und sich der Welt des Inneren, der Wirklichkeit, zuwendet. Dann aber ist auch der Augenblick gekommen, da die Stimme des Geistes zum Menschen sprechen kann und er in seinem eigenen Bewusstsein das gewaltige Lied der Schöpfung zu hören vermag. Von da an beginnt der Mensch immer mehr in die Einheit hineinzuwachsen; die Kräfte, die er auf seiner langen Pilgerfahrt entwickelt hat, bringt er als Opfer auf dem Altare des Dienstes für seine Mitmenschen dar. Mehr und mehr versucht er seinen Sonderwillen mit dem Einen Willen des Göttlichen in Einklang zu bringen, bis er schließlich vollkommene Freiheit, die einzig mögliche Freiheit gewinnt, indem er seinen Willen völlig in diesem göttlichen Willen untergehen lässt oder, besser gesagt, indem er entdeckt, dass sein besonderer getrennter Wille mir eine Täuschung war und dass es im ganzen Weltall nichts außer dem Einen göttlichen Willen gibt. Nach Zeitaltern angespanntester Anstrengung gewinnt dann der Mensch die Einheit des göttlichen Lebens wieder, aber erst nach der fünften großen Einweihung, wenn der Mensch ein Adept geworden ist, hat er die Stufe der „Kultur" vollständig überwunden, um in die der übermenschlichen oder göttlichen schöpferischen Tätigkeit einzugehen.

DIE DRITTE STUFE: DIE VERGOTTUNG.

Wiederum kann sich auf dieser dritten Stufe die Schöpfungskraft der Gottheit verwirklichen, ohne irgendeinem Hindernisse oder Widerstand zu begegnen, wiederum herrscht hier vollkommene Harmonie und Einheit. Aber es ist nicht mehr die unbewusste Koordiniertheit der

Natur, in der noch nichts Individuelles die Einheit trüben kann: hier ist es die glanzvolle und vollbewusste Zusammenarbeit übermenschlicher Wesen, die ihre menschliche Entwicklung beendet haben, die ihrer eigenen Göttlichkeit voll bewusst geworden sind und die so ihre Einheit mit Gott vollkommen verwirklichen können. Sie sind nun *bewusste* Teile des Lebens der Gottheit und ihres Wirkens. Gleich der Natur Gottes ist es ihre Natur, zu schaffen, und es sind diese zahllosen Tausende über die menschliche Stufe hinausgelangter Wesen, durch die sich Gottes ewige Schöpferkraft auswirkt.

Innerhalb dieser göttlichen schöpferischen Hierarchie gibt es nur Einen Willen, Ein Ziel! Keine Vorschriften, keine Gesetze, keine äußeren Autoritäten sind mehr nötig, um Gehorsam und Zusammenarbeit zu gewährleisten. Alle gleichen bewussten Zellen in dem einen großen Lebewesen, das wir Gott nennen, die in vollkommenem Einklang wirken und nur dazu leben, um seiner Absicht zu dienen, die im tiefsten und wahrsten Sinne ihr eigener göttlicher Wille ist. [1])

So ist der große Lebensrhythmus, der Atem der Schöpfung, wieder zu Gott dem Heiligen Geist zurückgekehrt, durch den er ausgegangen war: der Kreislauf des geoffenbarten Seins ist vollendet. Und so erschauen wir auch hier in diesem großen zyklischen Gesetze der Evolution mit ihren im größeren wie in den kleineren Zyklen stets wiederkehrenden drei Stufen die Offenbarung des Heiligen Geistes als den ewigen Atem wieder, durch den und in dem alles besteht, was lebt.

---

1) Naheres über die Hierarchie der übermenschlichen Adepten und den Weg der fünf Einweihungen, der zur Adeptschaft führt, siehe: C. W. Leadbeater „Die Meister und der Pfad", (— Neuauflage Verlag Edition Geheimes Wissen, Graz).

Anm. d. Übers.

Viertes Kapitel.

DAS GÖTTLICHE RITUAL.

Unter den theologischen Vorstellungen über die Schöpfung begegnen wir nicht nur der Auffassung, dass die schöpferische Tätigkeit Gottes sich in einer einmal für alle Zeit stattgefundenen Handlung ausgewirkt habe, sondern auch der Vorstellung von Gott als einem Einzelwesen, das seine Absichten allein und nur durch sich selbst verwirklicht. Nun ist dies ja vollkommen richtig, wenn wir uns nur stets vor Augen halten, dass Gott das Eine und zugleich das Viele ist; ebenso wenig wie die Dreifaltigkeit die Einheit der Gottheit beeinträchtigt, tut auch die Tatsache, dass jede der drei Personen der göttlichen Dreieinigkeit in sich selbst eine Hierarchie übermenschlicher Wesen ist, der Einheit jeder dieser drei Personen nicht den geringsten Abbruch. Wohl ist Gott der Schöpfer, aber seine schöpferische Kraft verwirklicht sich durch die Vermittlung vieler Millionen Wesen, welche die großen schöpferischen Hierarchien bilden und die Kraft Gottes bis zu jeder kleinsten Kreatur oder Form in seinem vielfältigen Weltall leiten. Jedes einzelne dieser Wesen und Können steht unter der Obhut eines Wesens, das entweder selbst einen Teil der großen schöpferischen Hierarchie bildet oder aber unter der Leitung und Aufsicht eines Mitgliedes dieser Hierarchie arbeitet. Durch diese schöpferische Hierarchie wirkt sich der Rhythmus der Schöpfung aus; durch ihre Vermittlung erfolgt jene tägliche Eucharistie, in der Gott als der ewige Hohepriester sich immerdar selbst als ewiges Opfer hingibt, jenes tägliche Messopfer, in dem die ganze Natur durch das göttliche Leben, das in sie einströmt, ewiglich geweiht wird und in dem alle Einzelwesen immer wieder die innere Einheit erlangen, die wahre Kommunion erleben, die das Ende des großen Schöpfungskreislaufes ist.

DIE GROSSLOGE OBEN.

Diese schöpferische Hierarchie ist die „Großloge oben", von der wir in den Ritualen der Freimaurerei, jener großen Schatzkammer okkulter Lehren, lesen, die ewige Großloge, die den VATER, den SOHN und den HEILIGEN GEIST zu Hauptbeamten, das Weltall zum Tempel, den Himmel zum Gewölbe und alle geschaffenen Dinge zur musivischen Flur hat. In ihr geht das große und ewige Ritual der Schöpfung vor sich, das immer währt und nie endet, ohne das die Welt nicht bestehen könnte. An diesem großen Ritual dort oben nehmen jene teil, die Übermenschen geworden, die in das göttliche Leben in vollkommener Selbstbewusstheit wieder eingegangen sind. Auch der Mensch wird, wenn er die Göttlichkeit erlangt hat, ein Schöpfer, ein Teil dieses großen Schöpfungsrituales werden. Alle Riten hier unten auf Erden, die der großen Weltreligionen wie die der Freimaurerei und ähnlicher Vereinigungen, sie alle gründen sich auf dieses eine große Ritual dort oben und durch unsere Riten hier unten vermögen wir so schon jetzt an dem Schöpfungswerk Gottes teilzunehmen, das eines Tages unser Werk sein wird, wenn wir uns einst zu Übermenschen entfaltet haben werden. So bietet uns die Arbeit im Ritual die wunderbare und beispiellose Möglichkeit, mehr als Mensch, ja in schöpferischer Tätigkeit göttlich zu sein.

DIE BEDEUTUNG DES RITUALES.

Den meisten Menschen erscheinen Rituale als Zeitverschwendung. Wohl erkennen sie die Tatsache an, dass gewisse ethische Wahrheiten in der Form von Symbolen gelehrt werden können; sie geben auch zu, dass Symbole und rituelle Handlungen gewisse philosophische Lehren verständlich machen, aber sie fragen verwundert: „Warum kann solche Ethik und Philosophie nicht auf offene und gerade Weise gelehrt werden, statt sie hinter den verschiedenen zeremoniellen und rituellen Handlungen zu verbergen?" Scheinbar ist dies ein durchaus logischer Einwand gegen alle Rituale; in Wirklichkeit aber beruht er auf dem Missverstehen ihrer wahren Bedeutung. Abgesehen davon, dass durch das Ritual die Menschen der psychologischen Wirkung der sich abspielenden Handlungen unterworfen werden und so in ihrem Bewusstsein als Wirklichkeit erleben, was in den gewöhnlichen Lehren der Ethik und Philosophie nur durch Worte mitgeteilt werden kann; abgesehen davon, dass im Ritual der Mensch symbolisch teil hat an der Wirklichkeit der Dinge, die er in ihrer unverhüllten Fülle nicht zu ertragen vermöchte, hat das Ritual auch eine große und höchste Bedeutung, die darin liegt, dass in ihm und durch es der Mensch, selbst während er noch Mensch ist, teilnehmen kann an der Arbeit Gottes des Heiligen Geistes, an dem Werk der Welterschaffung! Es mag kaum glaublich erscheinen, dass solch ein ungeheures Werk für menschliche Wesen möglich sein könne; doch nicht umsonst hat sich die Freimaurerei stets als „Königliche Kunst" bezeichnet und nicht umsonst wurde die Eucharistie, das heilige Messopfer, das höchste und erhabenste Ritual der christlichen Kirche, stets mit einer beispiellosen Verehrung und Ehrfurcht umgeben. Alle großen Rituale gründen sich auf das eine uranfängliche Ritual und sind mit diesem göttlichen Schöpfungsrituale derart verknüpft, dass jede Handlung in dem Rituale hier unten tatsächlich irgendeiner unendlich größeren Wirklichkeit in jenem ewigen Rituale dort oben entspricht. So geht von unseren menschlichen Zeremonien ein beständiger Strom aus, um sich mit jener mächtigen Flut des Schöpfungsfeuers zu vereinigen, welche die Offenbarung Gottes des Heiligen Geistes ist, während andererseits die auf Erden vollzogenen Rituale — da sie ja gleichsam abgestimmt sind auf das Große Ritual dort oben — einen Teil der göttlichen Schöpferkräfte der ganzen Umgebung des Ortes mitteilen können, an dem sich das Ritual abspielt.

DIE HEILIGE EUCHARISTIE.

Wenn im Ritual der Liberal Katholischen Kirche der Priester nach der Konsekration der Elemente betet, dass „unser Opfer emporgetragen werden möge zum Altare Gottes in der Höhe, um dort von IHM geopfert zu werden, der als der ewige Hohepriester sich immerdar selbst als ewiges Opfer hingibt," so wird dadurch bewirkt, dass durch den Stromweg, den der Akt der Konsekration zwischen den Elementen Brot und Wein und der Wesenheit Gottes selbst schafft, alle, die an dem Rituale teilnehmen und sich selbst wie auch das göttliche Werk oder die Theurgie, die sie vollziehen, in äußerster Hingebung Gott darbringen, für einen Augenblick an dem göttlichen Rituale teilnehmen und so ihren kleinen menschlichen Kraftstrom zu den Strömen der göttlichen Schöpferkräfte beitragen.

Das Ritual der heiligen Messe folgt völlig dem Rhythmus der Schöpfung: wiederum steigt in der Konsekration der Elemente das göttliche Leben in die Materie hinab und kehrt in jener Kommunion, die den Rhythmus der Schöpfung ebenso wie den Dienst der heiligen Messe krönend vollendet, wieder zur Einheit des göttlichen Lebens zurück.

DAS FREIMAURERISCHE RITUAL.

In einer ähnlichen Weise gründet sich das maurerische Ritual auf das Große Ritual dort oben und in ihm kommen wir mit der Tätigkeit Gottes des Heiligen Geistes in noch engere Berührung als in dem christlichen Ritus, der ja seinen Mittelpunkt in der zweiten Person der Dreifaltigkeit, Gott dem Sohn, dem Christus hat, der das Herz und Leben der christlichen Religion ist. Insoweit uns aber das christliche Ritual gestattet, an dem göttlichen Werke der Schöpfung teilzunehmen, und uns in dem wunderbaren Augenblick nach der Konsekration befähigt, unsere geringe Kraft in das innerste Herz der schöpferischen Tätigkeit einfließen zu lassen, nehmen wir an dem Werke Gottes des Heiligen Geistes ebenso Anteil wie an dem der zweiten Person der Dreieinigkeit.

In der Freimaurerei mit ihrer Bausymbolik konzentriert sich jedoch alles um das Werk Gottes des Schöpfers, des Heiligen Geistes. Schritt nach Schritt folgt die Zeremonie des Eröffnens und Schließens der maurerischen Loge dem göttlichen Schöpfungsritual und jede einzelne Handlung hat hierbei eine kosmische Bedeutung, die auch unsere großartigsten Vorstellungen von der Bedeutung des Rituales, in dem wir tätig sind, weit übertrifft.

In Wahrheit gibt es keine Arbeit im gewöhnlichen Leben, wie großartig sie auch in unserer physischen Welt sich ausnehmen, wie wunderbar auch ihre unmittelbare physische Wirkung uns erscheinen mag, die sich mit der Größe dieser rituellen Arbeit vergleichen ließe. In ihr allein ist der Mensch göttlich in seinem Wirken, in ihr allein kann er teilnehmen am Schöpfungsritual Gottes und ein Werk vollbringen, für das er, der ja nur Mensch ist, in Wirklichkeit noch nicht gehörig vorbereitet ist und das er sich erst dann ganz zu eigen machen kann, wenn er bewusst in die große schöpferische Hierarchie eintritt.

Im Ritual haben wir also Anteil an der Arbeit Gottes des Heiligen Geistes; wir helfen mit bei jener alltäglich wiederholten Konsekration des Weltalls, kraft deren alles Leben aufrechterhalten wird. In ihm sind wir für Augenblicke mehr als Menschen — sind wir göttlich. Es mag sehr schwer verständlich erscheinen, dass eine Gruppe gewöhnlicher Menschen imstande sein sollte, an dem Wirken der Gottheit teilzunehmen und ihm noch etwas hinzuzufügen. Wir müssen uns aber stets daran erinnern, dass Gott das Eine und das Viele ist, dass jedes Atom unseres Körpers, jede geringste Schwingung unserer Seele, göttlich, durchaus und ganz göttlich ist, dass Gott nicht getrennt von Seinem Weltall oder der Menschheit ist, sondern dass wir in Wahrheit Gott sind! Während wir so an dem Werke Gottes teilnehmen, nehmen wir also nur jene Arbeit ein wenig voraus, die eines Tages ganz die unsrige sein wird, wenn wir die Göttlichkeit erreicht, die wir jetzt vergessen haben, wenn wir das Reich des göttlichen Lebens wieder betreten haben werden, von dem wir einst gekommen sind. [1])

1) Näheres über die okkulte Bedeutung der freimaurerischen Rituale siehe: C. W. Leadbeater, „Das verborgene Leben in der Freimaurerei". (— Neuauflage Verlag Edition Geheimes Wissen, Graz)

Anm. d. Übers.

Fünftes Kapitel

DAS DYNAMISCHE WELTALL.

Das Weltall Gottes des Heiligen Geistes ist ein dynamisches, ein Weltall, dessen Grundnote „*Dynamis*", die Kraft, ist. Es macht einen großen Unterschied, ob wir die Welt vom statischen oder dynamischen Standpunkt aus betrachten; der eine bedeutet Konstruktion, Aufbau, der andere Bewegung. Wir können uns diesen Unterschied am besten verständlich machen, wenn wir beispielsweise den menschlichen Körper zuerst vom statischen und dann vom dynamischen Gesichtspunkt aus betrachten. In ersterem Fall sehen wir den Aufbau des Organismus, wir können genau analysieren, wie der Körper gebaut ist, welche Organe sich in ihm vorfinden, wir können die Gestalt und die Zusammensetzung jedes einzelnen Organes und Körperteiles feststellen und uns so eine Vorstellung vom ganzen Geschöpfe machen, wie es zu einem bestimmten Zeitpunkte gerade beschaffen ist. Wir kristallisieren so gleichsam die lebendige menschliche Form zu einer erstarrten Unbeweglichkeit und beschreiben dann, wie sie sich in diesem Zustand ausnimmt.

Blicken wir aber auf den menschlichen Körper vom dynamischen Gesichtspunkt aus, dann sehen wir, wie er sich bewegt, wächst und sich entwickelt. Wir beschreiben dann nicht nur den Bau irgendeines seiner Teile, sondern zu allererst dessen *Funktion*. Wenn wir so z. B. das Herz betrachten, so wird uns vor allem und in erster Linie seine

Funktion, seine Bedeutung und Rolle im Gesamtorganismus in die Augen springen und seine Gestalt, sein Bau, seine Beschaffenheit werden für uns nur insofern von Bedeutung sein, als sie die Funktion, der es dient, zum Ausdruck bringen.

Es leuchtet sofort ein, dass der dynamische Standpunkt ein viel lebendigerer ist als der statische. Dieser ignoriert ja die Lebensseite vollkommen, die doch die Formseite erst bestimmt; er beginnt damit, dass er in den Gegenstand seiner Betrachtung die Fiktion der Unbeweglichkeit einführt, und übersieht infolgedessen gänzlich die Funktion, die doch schließlich der Zweck ist, dem irgendein Ding oder Geschöpf im Leben dient.

Durch Jahrhunderte war es dieser statische Gesichtspunkt, von dem aus die meisten Dinge erforscht wurden, und erst in letzter Zeit trat der dynamische mehr in den Vordergrund. Dies ist aber nur wieder ein Anzeichen mehr für das Herannahen des Zeitalters Gottes des Heiligen Geistes, denn der dynamische Standpunkt ist der Gottes des Heiligen Geistes, der Standpunkt der göttlich-schöpferischen Tätigkeit, des Wechsels, des Wachstums und der Evolution, der Standpunkt der Zeit.

DER DYNAMISCHE STANDPUNKT
IN DER EVOLUTIONSTHEORIE.

Ein Symptom für diese neue dynamische Betrachtung des Weltalls war die Evolutionstheorie, die während des letzten Jahrhunderts zu einem so integrierenden Bestandteil unserer allgemeinen Weltanschauung geworden ist. Wir können uns gar nicht mehr vorstellen, wie die Welt sich ausnähme, wenn wir sie ohne den Evolutionsbegriff betrachteten. Die Natur um uns, die ganze Formenwelt wäre nur ein chaotisches Sammelsurium vieler Millionen

Erscheinungen, die, ohne irgendwie kausal miteinander verbunden zu sein, an eben dieser besonderen Stelle in der ihnen besonderen Weise seit ihrer Erschaffung durch Gott oder, wenn wir die orthodoxe Auffassung ablehnen, durch die Zufälligkeiten der materiellen Umstände zusammengewürfelt bestehen. Mit der Einführung des dynamischen oder evolutionistischen Standpunktes werden diese Millionen Formen mit einem Male etwas durchaus Koordiniertes. Wir erkennen ihre Entwicklung von einfachen zu vielfältigeren Formen; wir können beobachten, wie sich von der Hauptlinie der Entwicklung verschiedene Zweige abspalteten, wie auf jedem dieser Zweige verschiedene Arten und Geschöpfe erscheinen, die alle mit dem Hauptstrom der Entwicklung in kausalem Zusammenhange stehen. Von diesem Gesichtspunkte aus werden wir die Form niemals als kraft ihrer selbst an dieser besonderen Stelle befindlich ansehen, sondern werden sie immer als das Ergebnis einer abgelaufenen und den Ausgangspunkt einer zukünftigen Entwicklung erkennen. Wenn wir zum Beispiel an die menschliche Form denken, so werden uns gleichzeitig die vor ihr dahingegangenen Formen zum Bewusstsein kommen, deren Vollendung sie darstellt, und wir werden sie ebenso auch als eine Stufe zu noch höheren Formen ansehen. Wir können sie aber unmöglich nur an und für sich selbst und als unabhängig von all dem betrachten, was vor ihr war und was nach ihr sein wird.

DIE ENTFALTUNG DES LEBENS.

Während aber die Lehre von der Entwicklung der Formen beinahe Allgemeingut geworden ist, sind wir noch sehr weit davon entfernt, die Idee der Entfaltung des Lebens allgemein anerkannt zu sehen; und doch ist diese eine ebenso wichtige wenn nicht noch wichtigere Wirklichkeit als erstere. Auch hier gilt dasselbe wie oben: statt die Millionen Lebenserscheinungen um und in uns als ebenso gegeben hinzunehmen, wie sie gerade — sei es kraft eines gesonderten Schöpfungsaktes, sei es durch den Zufall der äußeren Umstände — bestehen, erblicken wir in jeder einzelnen Lebenserscheinung einen Ausschnitt aus einem großen Lebensprozesse, einer Entwicklung, die von unvollkommeneren Manifestationen des Göttlichen zu immer volleren, immer vollkommeneren schreitet. Es war eine der Hauptleistungen der Theosophie, dass sie das gesamte Weltall in eine grandiose Vorstellung der Lebensentfaltung eingeordnet hat. Wie die Entwicklung der Formen uns unsere eigene physische Erscheinung als das Ergebnis eines langen Prozesses physischer Entwicklung erkennen lässt, ebenso sehen wir im Lichte der Lehre von der Entfaltung des Lebens, dass das Leben in uns nur das Ergebnis einer Äonen während Entfaltung von den allereinfachsten Lebensoffenbarungen zu immer höheren und höheren ist, bis schließlich im großen Rhythmus der Schöpfung das Sonderleben die Einheit mit dem göttlichen Leben wiedererlangt, von dem es einst ausgegangen war. Wenn wir so die dynamische Weltanschauung auf unsere menschliche Seele, auf unser eigenes Leben, das Bewusstsein in uns, anwenden, ho setzt sie als notwendiges Ergebnis die Lehre von der Wiedergeburt oder Reinkarnation, von den vielen Leben auf Erden, durch die wir unsere gegenwärtige Entwicklungsstufe erreicht haben, die Lehre vom Karma, durch das unsere verschiedenen Leben in kausalem Zusammenhang miteinander stehen, und die Lehre von der Vollendung oder Vergottung des Menschen, in der das Leben seine Vollkommenheit erlangt, voraus.

Aber nicht nur innerhalb des Bereiches der Biologie oder Religion hat die dynamische Weltanschauung in der letzten Zeit eine stets wachsende Bedeutung erlangt; auf allen Gebieten des Lebens, in Kunst und Wissenschaft sowohl wie in Volkswirtschaft und Politik geht die Tendenz unserer Zeit nicht mehr dahin, irgendeine Erscheinung oder Einrichtung so aufzufassen, als existierte sie da oder dort nur kraft ihrer selbst, sondern sie als Teil irgendeines evolutionären Prozesses, als Ergebnis irgendeiner schöpferischen Energie zu betrachten. So wird das Weltall Gottes des Heiligen Geistes immer mehr und mehr zu einer allüberall anerkannten Wirklichkeit: wir beginnen, alle Dinge und Wesen als Teile des einen großen Schöpfungsrhythmus zu sehen, der seine Offenbarung ist.

GEGENWART, VERGANGENHEIT UND ZUKUNFT EXISTIEREN NICHT.

In dem Maße, wie wir uns den dynamischen Standpunkt zu eigen machen, gewinnt auch die ganze Geschichte oder der ganze Evolutionszyklus eines besonderen Dinges, Wesens oder einer bestimmten Bewegung für uns eine viel größere Realität als irgendein vereinzelter Moment seiner Geschichte. Tatsächlich gibt es ja auch nichts Derartiges wie ein Wesen zu irgendeinem besonderen Zeitpunkt. Wenn wir uns beispielsweise fragen, wer wir sind, und meinen, wir hätten die Frage dadurch gelöst, dass wir sagen, wir seien das Wesen, das sich jetzt in diesem bestimmten Raum befindet, so müssen wir doch einsehen, dass das Wesen, das hier in diesem Bruchteil einer Sekunde bestand, während wir noch das Wort „jetzt" aussprechen, schon der Vergangenheit angehört und daher nicht mehr existiert. Ebenso besteht auch das Wesen, das in einem anderen Bruchteil einer Sekunde hier erst bestehen soll, noch nicht, d. h. es ist gegenwärtig ebenfalls nicht existierend. Der Augenblick der Gegenwart selbst aber ist flüchtig und nicht greifbar; in dem Moment, da wir an ihn denken, ist er schon dahingegangen und der nächste ist gekommen. Was wir Gegenwart nennen, hat in Wirklichkeit überhaupt keine Zeitausdehnung; es ist eine mathematische Linie, die das, was wir Vergangenheit und Zukunft nennen, voneinander trennt, hat aber an sich kein wirkliches Dasein. Wir sehen uns also in der absurden Lage, dass die gegenwärtigen „wir" nicht existieren, weil die Gegenwart keine Ausdehnung hat, dass die vergangenen „wir" nicht mehr bestehen und dass die zukünftigen noch nicht existieren, — was bedeutet, dass wir, wenn wir die Gesamtsumme dieser verschiedenen Nichtheiten ziehen, überhaupt nicht existieren, was natürlich unsinnig ist.

DIE LÖSUNG DES PROBLEMS.

Unsere Schwierigkeit verschwindet in dem Augenblick, da wir den dynamischen Standpunkt einnehmen, das heißt, wenn wir alle Dinge und Wesen sozusagen vom Standpunkt des Heiligen Geistes aus betrachten. Von diesem aus gesehen ist das wirkliche Wesen das, was seine ganze Geschichte vom Beginn seines Bestehens bis zum letzten Ende ausfüllt. So ist auch jeder von uns in Wirklichkeit das, was wir vom frühesten Augenblick unseres Seins bis ganz zu Ende unserer Erscheinung als Sondergeschöpf sind, und was wir im gegenwärtigen Augenblick „Wir" nennen, ist nur der sich stets verflüchtigende Querschnitt des Geschöpfes, das wir wirklich sind. Es ist vollkommen falsch, wenn wir sagen, dass die Vergangenheit vorüber sei, die Zukunft noch nicht bestehe, die Gegenwart aber existiere. Das gerade Gegenteil vielmehr ist richtig: Vergangenheit und Zukunft zusammen ergeben das wirkliche Sein, und was wir Gegenwart nennen, ist nur eine flüchtige Ansicht eines Querschnittes des wirklichen Seins! In dem dynamischen Weltall Gottes des Heiligen

Geistes besieht also jedes Geschöpf, jeder Gegenstand, jedes Ereignis, jede soziale Bewegung, jeder Geschichtsabschnitt in seiner Gänze, — nicht als die Gesamtsumme aller verschiedenen Querschnitte, die einer nach dem anderen als einander folgende Wachstumsstufen dieses Wesens oder dieser Bewegung erscheinen, sondern als das wirklich existierende Wesen, in dem alles, was wir vergangen, und alles, was wir zukünftig nennen, immer gegenwärtig ist.

Es ist unmöglich, mit dem konkreten Verstand erfassen zu wollen, was der Welt des göttlichen Intellektes angehört, der über dem Verstand steht, und ich hoffe, in einem der folgenden Kapitel den Unterschied deutlich machen zu können, der zwischen der Wahrnehmung des Wirklichen durch den höheren Intellekt und der Interpretation dieser Wahrnehmung durch jenes Instrument unseres Bewusstseins besteht, das wir konkreten Verstand nennen. So können wir auch die Ganzheit eines Wesens, wie es im Weltall vom dynamischen Standpunkt aus gesehen existiert, verstandesmäßig nicht begreifen und noch weniger vermögen wir zu verstehen, wie all das, was wir Bewegung, Veränderung, Wachstum, Evolution nennen, auf jener Stufe eine beharrende Wirklichkeit ist. Wir können dies aber erleben, wenn wir mit dem Heiligen Geist in Berührung kommen, denn der dynamische Standpunkt ist der seinige: Zeit, Evolution, Geschichte, Manifestationszyklen, sie alle sind nur Teile des Schöpfungsrhythmus, der Sein wahres Wesen ist.

DAS SCHAUEN IN DIE ZUKUNFT.

Wir alle haben schon von der Möglichkeit gehört, in die Aufzeichnungen der Vergangenheit, die sogenannte Akasha-Chronik, Einsicht zu nehmen und darin Ereignisse, die wir vergangen nennen würden, als sich noch abspielend, als noch gegenwärtig zu erleben. Hätten wir uns nur einmal den dynamischen Weltstandpunkt ganz zu eigen gemacht, wir würden nichts Absurdes mehr darin erblicken. Ebenso wenig besteht aber eine Unwahrscheinlichkeit, die Aufzeichnungen der Zukunft zu lesen. Nichts Unwirklicheres ist um die Zukunft als um die Vergangenheit: Zukunft und Vergangenheit sind nur plumpe und unangemessene Namen, die wir den verschiedenen Teilen eines wirklichen Wesens geben, von dem wir nur den Querschnitt kennen, den wir die Gegenwart nennen. Es ist nicht wahr, dass die Vergangenheit dahingegangen ist und die Zukunft noch nicht besteht; Vergangenheit und Zukunft zusammen sind die einzige und einzig wirkliche Gegenwart und nur das, was wir mit Gegenwart bezeichnen, ist das einzig Nicht-Existierende. Es gibt viele Theosophen, die gelegentlich versuchen, ihre vergangenen Leben zu schauen, und sich für das interessieren, was sie gewesen oder nicht gewesen sind; aber um wie viel blendender wäre noch ihr Erlebnis, wenn sie versuchten, ihre Zukunft zu schauen! Wir alle nehmen doch an, dass wir uns entwickeln und dass unsere Zukunft, wie es so wunderschön ausgedrückt wurde, „die Zukunft eines Wesens ist, dessen Wachstum und Herrlichkeit keine Grenzen hat". Wir alle sind dazu bestimmt, in der Zukunft Adepten zu sein, und diese zukünftige Größe eines jeden von uns ist eine Wirklichkeit, die heute schon ebenso existiert wie die früheren Stufen unserer Entwicklung jetzt existieren. Statt uns also an den Unvollkommenheiten zu inspirieren, aus denen heraus wir uns entwickelt haben, täten wir wahrlich besser, zu versuchen, mit der Vollkommenheit in Berührung zu kommen, die doch eines Tages die unsere sein wird.

DIE INSPIRATION AUS DER ZUKUNFT.

Nun mag man uns antworten: wenn sich auch einige Menschen finden mögen, die fähig sind, in die Vergangenheit zu schauen, so gibt es doch nur sehr wenige — wenn überhaupt welche —, die in die Zukunft blicken können, was zu beweisen schiene, dass die Zukunft doch nicht auf die gleiche Weise zur Hand sei, wie die Vergangenheit. Hier müssen wir uns aber daran erinnern, dass die meisten Menschen an die Wirklichkeit der Zukunft eben nicht glauben, dass sie aber nicht umhin können, an die Wirklichkeit der Vergangenheit zu glauben, deren Folgen sie ununterbrochen begegnen. Wir denken an die Vergangenheit stets als an etwas, das sich zugetragen hat, und so stimmt es mit unserem gesunden Menschenverstand ganz wohl überein, dass jemand eine solche Vergangenheit erschauen kann. Die Vorstellungskraft der meisten Menschen lässt sich so weit ausdehnen, dass sie die Möglichkeit zugeben, die Eindrücke, welche die Ereignisse in der Vergangenheit einmal zurückgelassen haben, wieder zu beleben, doch sie würde sofort vor dem Gedanken kapitulieren, dass die Aufzeichnungen der Zukunft in derselben Weise gegenwärtig seien wie jene der Vergangenheit. Und doch ist es keine größere Absurdität, in die Zukunft schauen zu wollen als in die Vergangenheit, nur würden wir viel mehr Gewinn daraus ziehen. Unser wirkliches Wesen begreift unsere gesamte Evolution in sich, und wenn es uns gelänge, mit jener Stufe, auf der wir vollkommene Menschen geworden sind, in Berührung zu kommen, so müsste dies unfehlbar eine stete Quelle der Hilfe und Inspiration für den gegenwärtigen Augenblick bedeuten. Wie ich in einem späteren Kapitel zu zeigen hoffe, ist Inspiration tatsächlich nichts anderes als dieses In-Berührung-Kommen mit unserem realen Sein im dynamischen Weltall und das Rühren an die schöpferische Energie, die es das vollenden lässt, was wir seinen gesamten Evolutionszyklus nennen. Wenn wir so mit der Zukunft irgendeiner Bewegung, wie z. B. der Theosophischen Gesellschaft, oder einer Nation, wie der indischen, oder irgendeiner Kunstperiode oder eines Entwurfes sozialer oder politischer Reform in Berührung kommen, dann durchrieselt uns der Schauer der dynamischen Energie, die jede Bewegung oder Nation zu dem entfaltet, was wir ihre Zukunft nennen, und wir werden erfüllt mit der Inspiration und Begeisterung, dieser Zukunft entgegen zu arbeiten.

DAS UNIVERSUM GOTTES DES HEILIGEN GEISTES.

Es ist nicht schwer, einzusehen, von welch ungeheurer Wichtigkeit für unser ganzes tägliche Leben diese dynamische Weltanschauung, dieses Universum des Heiligen Geistes ist. Befähigt sie uns doch, alles in seinem Energieaspekt zu berühren, gleichsam die schöpferische Kraft zu erfassen, die es der Vollendung entgegenträgt. Bei dieser Berührung werden wir selbst erfüllt von der schöpferischen Kraft des Heiligen Geistes, wir werden berührt von dem Feuer der Schöpfung und vermögen dann Dinge zu vollbringen, deren wir als bloße Individuen gänzlich unfähig wären. Es ist diese Berührung mit dem dynamischen All, die den Propheten und Seher, den Enthusiasten und Reformer, den Lebensbringer auf allen Gebieten des Lebens schalt. Nicht umsonst ist eine der Gaben des Heiligen Geistes die Gabe der Prophetie: in dem schöpferischen Rhythmus, der die Offenbarung Gottes des Heiligen Geistes ist, sind Vergangenheit und Zukunft eine immer gegenwärtige Wirklichkeit.

In jenes große Reich des Heiligen Geistes gehört auch

das Wissen um den großen Zyklus der Schöpfung und dessen Manifestation in den zahllosen kleineren Zyklen der Geschichte der Natur wie der Rassen, Völker und einzelnen Menschenwesen. Eine seiner Offenbarungen im Reiche der menschlichen Erkenntnis ist die Astrologie, — nicht in ihrer gewöhnlichen Form der Wahrsagung oder Schicksalsvorhersagung, sondern in ihrer tieferen oder esoterischen Bedeutung des Wissens um die kosmischen Zyklen der Evolution und um die Weise, auf die das Leben der Völker und Individuen mit diesen Zyklen verwoben ist. Nicht umsonst ist diese wahre Wissenschaft nicht öffentlich bekannt und nicht umsonst wurde die Yuga-Lehre der Inder in so verhüllten und verschleierten Sätzen abgefasst, dass man ihre wahre Bedeutung kaum herausschälen kann. Denn das Wissen um alle Evolutionszyklen verleiht die Gabe der Prophezeiung: wenn wir die Natur eines gesamten Evolutionszyklus und ebenso auch jenen Teil kennen, den wir in der sogenannten Zeit schon durchlaufen haben, so können wir auch mit absoluter Gewissheit seine Zukunft voraussagen und eine solche Voraussagung ist nicht ganz ohne ihre Gefahren.

POLITIK ALS SOZIALE VORAUSSAGUNG.

In naher Zukunft aber wird dieses Wissen um die zyklische Evolution und die sich daraus ergebende Kenntnis von den verschiedenen Rassen und Nationen der Welt die Grundlage für die Regierung der Völker werden. Das gesamte gegenwärtige System von Parteipolitik und Majoritätsabstimmungen mit seinen plumpen Methoden, die Zukunft einer Gemeinschaft dadurch zu bestimmen, dass man an die egoistischen Interessen und Kompromisse einander bekämpfender Gruppen appelliert, wird von der kristallklaren und scharf bestimmten Wissenschaft der zyklischen

Evolution hinweggefegt werden, die es auserwählten, in dieser Kenntnis geschulten und mit der vergangenen Entwicklung ihrer Nation, für die sie Gesetze zu entwerfen haben, vertrauten Männern möglich machen wird, die unmittelbare Zukunft der Nation zu bestimmen und zu erkennen, wie deren bestehende Einrichtungen' und Lebensformen durch eine weise Gesetzgebung am besten in jenen Zukunftsstaat übergeleitet werden können. [1])

DIE BEDEUTUNG DER DYNAMISCHEN ANSCHAUUNG.

Die Möglichkeiten, die in der dynamischen Weltanschauung schlummern, können kaum überschätzt werden. Jedes Ding, jedes Geschöpf, jedes Ereignis, jede Zeitperiode wird hier als Teil des ewigen Rhythmus der Schöpfung angeschaut, in dem alle die Millionen kleinerer und größerer Zyklen den verschiedenen Tönen und Akkorden gleichen, welche die große Symphonie des Weltalls zusammensetzen. Es ist dies eine Symphonie, in der jede Note von schöpferischer Energie vibriert, jeder Akkord die Kraft besitzt, zu schaffen und zu zerstören. Jeder einzelne von uns ist in Wirklichkeit eine solche Note, ein solcher Akkord, und wenn wir mit diesem unserem Akkorde in Berührung kommen, dann können wir die schöpferische Inspiration unseres gesamten Evolutionszyklus empfangen. So gelangen wir nicht nur zu einem tieferen Erfassen dessen, was wir in Wirklichkeit sind, sondern können auch schon jetzt durch das inspiriert werden, was wir eines Tages in der sogenannten Zukunft sein werden.

---

1) In meinem demnächst erscheinenden Werk über die Metaphysik und Philosophie der Geschichte werde ich diese neue Staatswissenschaft als Ergebnis des Wissens um das zyklische Gesetz in der Geschichte ausführlich behandeln.

Unsere ganze Welt wird verwandelt und mit Energie geladen, sobald wir sie als Teil des dynamischen Alls der Schöpfung zu erschauen beginnen; dann eröffnet sich uns ein Dasein in einer Welt des Lebens, die in stetem Wechsel, in unaufhörlicher Bewegung, in immerwährendem Wachstum begriffen ist, einer Welt, die schöpferisch ist in jedem Atom: der Welt des Heiligen Geistes.

Sechstes Kapitel.

GÖTTLICHE ALCHEMIE.

Im ganzen Weltall gibt es nur eine schöpferische Energie: die Kraft Gottes des Heiligen Geistes. Alles, was wir Kraft oder Energie nennen, sei es in uns selbst, sei es in der Natur um uns, ist nur eine Erscheinungsform dieser einen, ewigen schöpferischen Kraft der Gottheit. Es ist diese schöpferische Tätigkeit des „dritten Logos", Gottes des Heiligen Geistes, welche die Wirbel der stellaren Materie entstehen lässt, die der Beginn eines Sonnensystems sind. Es ist Seine schöpferische Kraft, die jenen fundamentalen Energiewirbel hervorbringt, den wir das Uratom nennen. Im Laboratorium Gottes des Heiligen Geistes, des DEMIURGOS — des PTAH der Ägypter, des VULCAN der Römer — geht jene Göttliche Chemie vor sich, die die Grundlage unseres stofflichen Universums bildet. Setzte diese schöpferische Tätigkeit auch nur für einen Augenblick aus, hörte der Einstrom der Schöpfungsenergie des Heiligen Geistes in das Weltall, in den Sternennebel wie in das Uratom, einen Augenblick auf, die physische Welt müsste im gleichen Moment verschwinden. Nur ihre unaufhörliche Neuerschaffung durch den Schöpfer erhält die Welt in ihrem Bestand und auch wir verdanken so in Wahrheit unsere Existenz Gott dem Heiligen Geist.

ALCHEMIE UND MAGNUM OPUS.

Es ist eine sehr merkwürdige Tatsache, dass unsere moderne Wissenschaft, wiewohl sie doch weit über die Vorstellungen hinausgelangt ist, welche die Alten über Kraft und Stoff besaßen, doch manches von dem tieferen Wissen eingebüßt hat, über das die Menschen in alten Zeiten hinsichtlich der Tätigkeit des Heiligen Geistes als des göttlichen Alchemisten verfügten. Es gibt eine Wissenschaft von der Arbeit des Heiligen Geistes als Schöpfer unserer sogenannten chemischen Elemente und ihrer Wechselbeziehungen, die, von Ägypten ausgehend, Europa über das alte Griechenland und Arabien zu Beginn des Mittelalters unter dem Namen der *Alchemie* erreichte, und obwohl ihre Forscher nur sehr primitive Vorstellungen von dem besaßen, was wir heute Chemie nennen, so kannten sie doch gewisse Grundtatsachen, welche die innere Natur der Materie und der Elemente betrafen. Dieses Wissen befähigte die Alchemisten, das sogenannte MAGNUM OPUS zu vollbringen, das „große Werk", in dem, wie sie sich in ihrer seltsamen Sprache ausdrückten, „die Quintessenz aus den niederen Metallen gezogen" und durch dessen Hilfe Silber in Gold verwandelt wurde. Zweifellos gab es im Mittelalter auch tausende Pseudo-Alchemisten, die mit den echten Alchemisten nur den fremdartigen Jargon gemeinsam hatten, deren tieferes Wissen ihnen aber fehlte; und die unzähligen wertlosen Werke, mit denen sie die Welt überschwemmten, haben auch die Anerkennung des wahren hermetischen Mysteriums der wirklichen Alchemie wesentlich beeinträchtigt. Der ernste Forscher aber vermag auf den ersten Blick zwischen dem Echten und Unechten in dieser Literatur zu unterscheiden. Wenn wir die Werke der echten Alchemisten und Rosenkreuzer mit dem richtigen Schlüssel zu ihrer Auslegung studieren, so werden wir ein wenig von dem ungeheuren Wissen erfassen, das sie über das Wirken der einen schöpferischen Energie in der Materie besaßen.

DIE GEHEIMEN FIGUREN DER
ROSENKREUZER.

Es gibt ein wunderbar interessantes Werk, das von den Brüdern des Goldenen und Rosen-Kreuzes — einer späteren Entwicklung der ursprünglichen Rosenkreuzer-Bruderschaft — veröffentlicht wurde und den Titel „DIE GEHEIMEN FIGUREN DER ROSENKREUZER AUS DEM 16. UND 17. JAHRHUNDERT" trägt. Es ist im Jahre 1785 in Altona erschienen. Diejenigen, welche die tiefen Symbole zu interpretieren verstehen, die dieses Werk enthält, können darin sehr viel von den inneren Erkenntnissen der wirklichen Alchemie finden. Ich kenne kein anderes Werk, das uns das wunderbare Wissen der alten Rosenkreuzer vom Wirken der schöpferischen Energie in Mensch und Natur näher bringt, und jeder, der sich der Mühe unterzieht, es tief und gründlich zu studieren, wird seine Bemühung reichlich belohnt finden. Das Werk wurde von Dr. *Franz Hartmann*, der aus der früheren Geschichte der Theosophischen Gesellschaft wohlbekannt ist, teilweise in einer englischen Übersetzung herausgegeben. Er hat es im Jahre 1888 in Boston veröffentlicht und so wenigstens einen Teil dem englisch lesenden Publikum zugänglich gemacht. Allerdings scheint es ein unverzeihliches Mysterium zu sein, warum er eigentlich zu erwähnen unterließ, dass seine Publikation die Übersetzung eines seltenen, doch wohlbekannten Rosenkreuzerwerkes aus dem 18. Jahrhundert war, und warum er ferner in seinem Buch „Unter Adepten und Rosenkreuzern" es so hinstellte, als ob ihm das Manuskript auf wunderbare Weise von kei-

nem geringeren als dem großen Paracelsus selber zuge-
kommen sei. Eine vollständige Ausgabe des deutschen
Originalwerkes erschien im Jahr 1919 im Verlag H. Bars-
dorf (— Neuauflage Verlag Edition Geheimes Wissen,
Graz) und so steht diese wunderbare uralte Weisheit dem
modernen Forscher wieder offen.

Es kann kein Zweifel darüber bestehen, dass es unter
den alten Rosenkreuzern und Alchemisten Männer gab,
welche die Kräfte, die im Atom schlummern, kannten und
auch wussten, wie diese zu gebrauchen seien, um die
Transmutation von Elementen zu bewirken. Während der
Jahrhunderte, in denen die Alchemie blühte, haben viele
Zeugnis davon abgelegt, dass es Männer gab, die nicht nur
die Herstellung von Gold aus niederen Metallen verstanden, sondern außerdem ein tiefes Wissen um die inneren
Kräfte der Natur besaßen und sie auf eine Weise zu gebrauchen wussten, die dem Nichteingeweihten magisch erscheinen musste. Einige dieser alten alchimistischen
Wahrheiten, wie die Existenz der „prima materia" oder
Urmaterie, ferner die Wechselbeziehung zwischen den
verschiedenen Elementen, hat die moderne Wissenschaft
wieder entdeckt und so wurde der Welt die Möglichkeit
wiedergegeben, ein Element in ein anderes zu verwandeln.

DAS MAGNUM OPUS IM MENSCHEN.

Der wunderbarste Aspekt der alten Darstellung dieser
Wahrheiten liegt aber darin, dass sie nicht nur für die
Transmutationen in der Natur gelten, welche die Kenntnis
von der schöpferischen Kraft bewirken kann, sondern auch
für die Transmutation, das Magnum Opus, das im Menschen selbst vollzogen werden kann. In den verschiedens-
ten alchimistischen Werken stoßen wir auf die Behaup-
tung, dass das höchste Ziel der Alchemie die Transmutati-

on der schöpferischen Kraft im Menschen sei und dass die Anwendung dieses Wissens auf die physische Natur nur einen untergeordneten Zweig ihrer großen Wissenschaft darstelle. Wenn wir so in alten Werken lesen, dass der Mensch die Quintessenz aus den niederen Metallen ziehen und mit ihrer Hilfe das Silber in Gold transmutieren müsse, oder wenn wir wiederum lesen, dass mit Hilfe der im Mittelpunkt der Erde verborgenen Kraft der Mond zur Sonne werden müsse, so passen diese Sätze ebenso gut auf die Verwandlung der Materie, die sich im Laboratorium des Alchemisten vollzieht, wie auf jene innere Transmutation, die im Laboratorium der menschlichen Natur, in der Retorte der Seele erfolgt. Legen wir letztere Auslegung zugrunde, dann bedeuten die niederen Metalle die irdischen Begierden und Leidenschaften des Menschen und die Quintessenz aus diesen unedlen Metallen ziehen heißt, die schöpferische Energie in unserer eigenen Natur aus ihren Verstrickungen in der Welt der Sinne zu befreien. Mit Hilfe dieser befreiten schöpferischen Kraft kann dann das Silber unserer Seele in das Gold des Geistes transmutiert werden oder, um die andere Terminologie zu gebrauchen, mit Hilfe der Kraft, die wir aus dem Inneren der Erde ziehen, kann der Mond, d. i. unsere Seele, zur Sonne werden, die der Geist ist.

KUNDALINI, DIE OFFENBARUNG
DES HEILIGEN GEISTES.

Die alten Alchemisten wussten von jener schöpferischen Kraft im Menschen, die in der Hinduphilosophie Kundalini oder das Schlangenfeuer genannt wird. In einem sehr interessanten kleinen Werke des deutschen Mystikers Johann Gichtel, eines Schülers Jakob Boehmes, das den Titel „Theosophia practica" trägt, finden wir eine sehr bemerkenswerte Zeichnung, die den Körper eines Menschen mit dem Schlangenfeuer, das in Gestalt eines Drachens an dem unteren Ende des Rückgrats eingerollt liegt, und auch die verschiedenen Zentren oder Chakras im menschlichen Körper darstellt, durch die dieses Schlangenfeuer geleitet werden muss. [1]) Dieses nach innen und aufwärts Richten der in ihrer niederen Manifestation als Geschlechtstrieb nach außen gerichteten zentralen schöpferischen Kräfte im Menschen ist das Magnum Opus oder die göttliche Transmutation, die das Ziel aller wahren Alchemisten war.

Im ganzen Weltall gibt es nur eine einzige schöpferische Energie: die Kraft Gottes des Heiligen Geistes. Eine ihrer Manifestationen im Menschen ist der Geschlechtstrieb. Auf den unteren Stufen seiner Entwicklung richtet der Mensch diese gewaltige schöpferische Kraft in ihm auf die Außenwelt und sucht die Vereinigung in der Welt der Verschiedenheit. Erst nach vielen und langen Leiden macht er schließlich die Entdeckung, dass es keine Vereinigung gibt außer in der stets gegenwärtigen Einheit des Geistes. Auch auf jenen unteren Entwicklungsstufen kann der Mensch im Mysterium des Geschlechtes als Schöpfer wirken, durch das sich in ihm die Schöpfungsenergie Gottes des Heiligen Geistes offenbart. In dem Maße aber, wie sich der Mensch entwickelt, transmutiert er den Geschlechtstrieb auf immer höhere Ebenen, sodass er nach und nach in der Welt der Emotionen, in der Welt des Intellektes und schließlich in der Welt des Geistes schöpferisch wird. Die gleiche schöpferische Energie, die sich auf nied-

---

1) Näheres hierüber siehe: C. W. Leadbeater: „Die Chakras. Eine Monographie über die Kraftzentren des menschlichen Ätherkörpers". (— Neuauflage Verlag Edition Geheimes Wissen, Graz).

Amm. d. Übers.

rigerer Stufe als geschlechtliche Schöpferkraft offenbarte, inspiriert das Kunstwerk, befähigt den Philosophen und Forscher, der Menschheit seinen Beitrag zu leisten, und befeuert den sozialen Reformer, das Los seiner Mitmenschen zu verbessern. Aber nur durch Transmutation, niemals durch die Verdrängung unserer irdischen Begierden und Leidenschaften können wir auf höheren Ebenen schöpferisch werden. Eine tiefe Wahrheit liegt so in der alten alchimistischen Formel, die den Menschen lehrt, die niederen Metalle nicht zu zerstören, sondern die Quintessenz aus ihnen zu ziehen und mit Hilfe dieser Quintessenz, d. h. mit Hilfe der göttlichen schöpferischen Energie, die in unseren Leidenschaften und Begierden verborgen liegt, seine Menschlichkeit in die Göttlichkeit zu transmutieren.

DIE HEILIGKEIT DES GESCHLECHTES.

Jahrhunderte hindurch hat man alle mit dem Geschlechtsleben zusammenhängenden Dinge als jeder Betrachtung unwert angesehen; die Offenbarungen der schöpferischen Energie im Bereich des Geschlechtes wurden ignoriert und wenn möglich unterdrückt und die ganze Angelegenheit mit einer falschen Schamhaftigkeit umgeben, die es unmöglich machte, die wirkliche Rolle, die sie im Leben des Menschen spielt, einigermaßen zu durchleuchten. Auf eine solche Weise wird man das Magnum Opus oder die göttliche Transmutation niemals vollbringen können! Nicht dadurch, dass wir auf alles Geschlechtliche als etwas notwendigerweise Niedriges und Unwürdiges blicken, können wir die göttliche Schöpferkraft, die darin nur nach außen und abwärts statt nach innen und aufwärts gerichtet ist, freisetzen. Nur wenn wir unsere Kinder lehren, dass die geschlechtliche Zeugungskraft eine göttliche Energie, die Eine göttliche Kraft ist, die allen

Menschen gleichermaßen gegeben wurde, können wir hoffen, den ganzen Komplex des Geschlechtslebens aus dem Schlamm von Sinnlichkeit und Lüsternheit emporzuziehen, durch den er jetzt beschmutzt wird, und seine wahre und wunderbare Bedeutung aufzuzeigen.

Die fälschliche Verkennung und der Missbrauch der schöpferischen Kräfte im Menschen, das ist jene Sünde wider den Heiligen Geist, die so wenig begriffen wird. In der Menschheit der Zukunft aber wird die schöpferische Kraft des Geschlechtes und die geheimnisvolle Fortpflanzung der menschlichen Rasse durch die Vereinigung von Mann und Weib als ein heiliges Mysterium gelehrt werden und diese Vereinigung selbst wird nicht mehr die Befriedigung einer augenblicklichen Begierde sein, sondern ein Gebet zu jener menschlichen Seele werden, für die auf diese Weise ein irdischer Tabernakel bereitet wird. Nur dann wird wirklich eine edlere und wahrere menschliche Rasse geboren werden können. Und nochmals: die Lösung des Geheimnisses liegt einzig und allein in der alten alchimistischen Formel von der Transmutation und nicht in der heute geübten, aber niemals erfolgreichen Praxis der Verdrängung.

DIE TRANSMUTATION DES GESCHLECHTSTRIEBES.

So kann die Anwesenheit dieser großen Kraft Gottes des Heiligen Geistes im Menschen auch in ihrer irdischen Offenbarung als die zeugende Kraft des Geschlechtes etwas sehr Heiliges und Reines sein. Viel größere Möglichkeiten eröffnen sich aber dem Menschen, der im Laufe seiner Entfaltung diese Kraft in höhere Formen schöpferischer Tätigkeit zu transmutieren beginnt. Weit davon entfernt, vor den Begierden und Leidenschaften zu erschrecken, denen wir in uns selbst begegnen, müssen wir ihnen furchtlos ins Auge blicken und erkennen, dass in ihnen und in der sich durch sie offenbarenden schöpferischen Kraft für uns die Möglichkeit liegt, in höheren Sphären schöpferisch zu wirken. Nicht der Mensch ohne irgendeine Leidenschaft oder Begierde wird jemals in hohem Maße schöpferisch werden können, ebenso wenig wie derjenige, der es zulässt, dass seine Begierden und Leidenschaften ihn beherrschen, sondern nur der mit einem starken, aber beherrschten Triebleben begabte Mensch ist fähig, die Quintessenz aus den niedrigeren Metallen zu ziehen, d. h. die schöpferische Energie aus ihren Verstrickungen im Niederen zu befreien und sie aufwärts zu leiten, sodass sie zur schöpferischen Kraft des Geistes wird. Eine starke Natur kann im Bösen groß sein, aber sie birgt wenigstens die Möglichkeit in sich, auch im Guten groß zu werden; ein kraftloser Mensch aber ist zu schwach und unbedeutend, um schlecht oder gut zu sein. So ist es sehr bezeichnend, dass in der Offenbarung Johannis' die lauen Seelen verdammt werden und dass sie in der „Divina Comedia" Dantes nicht nur vom Paradies und Purgatorio verbannt sind, sondern nicht einmal ins Inferno eingelassen werden.

DER HEILIGE GEIST ALS REINIGER.

Nun können wir auch verstehen, wieso der Heilige Geist auch der große Reiniger genannt wird. Denn jenes göttliche Feuer der Schöpfung in uns, das sich auf den niederen Stufen zwar nur in niederen Sphären manifestiert, brennt auch allmählich alle irdischen Unreinheiten in uns aus und befähigt uns, die große Transmutation auf immer höheren Ebenen zu vollziehen, bis zuletzt nur mehr das reine Gold des Geistes übrig bleibt. So wurde auch in der christlichen Kirche stets als eine Gabe des Heiligen

Geistes das Vermögen angesehen, alle Unreinheiten aus-
zutreiben, zu exorzisieren und zu purifizieren und dadurch
dem Menschen in dem großen Werke zu helfen, seine irdischen Begierden zu transmutieren, sodass sie zur Begierde
nach dem Göttlichen werden.

DIE PSYCHOANALYSE EINE BLOSSE TEIL-
ERKENNTNIS.

Es ist interessant zu sehen, wie sich die moderne Psychologie vom materialistischen Standpunkt aus demselben
Problem genähert hat und auch zu der gleichen Schluss-
folgerung gelangt ist. Denn auch die Psychoanalyse erkennt nur eine einzige schöpferische Kraft im Menschen
an, dessen Begierden, Leidenschaften und Bestrebungen
jeder Art nur verschiedene Erscheinungsweisen dieser
Kraft sind. Diesen zentralen Drang nennt sie die *Libido*
und nimmt als deren Grundoffenbarung den Geschlechtstrieb an. Auch sie erkennt die Notwendigkeit einer Transmutation dieser Libido in höhere Sphären an, doch gelingt
es ihr nur sehr selten, diese Sublimierung oder Introversi-
on in befriedigender Weise zu vollbringen. Der Grund
hierfür ist darin zu suchen, dass die Psychoanalyse oder
zumindest die ältere Schule der Psychoanalyse den Geschlechtstrieb, die Libido, als die fundamentale und ursprüngliche schöpferische Kraft ansieht und so alle höheren schöpferischen Bemühungen nur für höhere Erschei-
nungsformen dieser Libido oder des Geschlechtstriebes
hält. Wir dagegen betrachten den Geschlechtstrieb und die
geschlechtliche Zeugungskraft bloß als eine physische
Manifestation, ein Nachaußengerichtetsein der göttlichen
Schöpferkraft, der Kraft Gottes des Heiligen Geistes, im
Menschen. Für uns bedeutet daher die Transmutation dieser Energie die Rückkehr der göttlichen Schöpferkraft zu

jener Sphäre, der sie eigentlich angehört, während die Psychoanalytiker der Freud'schen Richtung alle höheren Erscheinungsweisen der schöpferischen Kraft als Sublimationen einer Energie ansehen, die ihre ursprüngliche und angemessene Sphäre und Betätigung im Irdischen, also in dem hat, was man Geschlechtstrieb nennt. Das ist aber ein grundsätzlicher Unterschied! Wir betrachten die irdisch gerichtete Kraft als eine zeitliche Abirrung einer göttlichen, geistigen Kraft, während der Psychoanalytiker umgekehrt alle höheren schöpferischen Energien nur für zeitliche Offenbarungen einer Kraft hält, die ihre wahre Heimat in der physischen Welt als die schöpferische Kraft des Geschlechtes hat. So kann man sagen, dass dieser Typus der Psychoanalyse die materialistische oder auf den Kopf gestellte Darstellung der wahren Lehre von der schöpferischen Kraft Gottes des Heiligen Geistes und der göttlichen Alchemie ist, durch die diese Kraft freigesetzt werden kann.

ALCHEMIST UND PSYCHOANALYTIKER.

Der mittelalterliche Alchemist und der moderne Psychoanalytiker sprechen so oft die gleiche Sprache, meinen aber gänzlich verschiedene Dinge. Ein Psychoanalytiker wie Herbert Silberer, der in seinem Werk „PROBLEME DER MYSTIK UND IHRER SYMBOLIK" (— Neuauflage Verlag Edition Geheimes Wissen, Graz) die alchimistischen und rosenkreuzerischen Lehren im Hinblick auf die Transmutation erörtert, interpretiert alles, was die Alchemisten über diesen Gegenstand sagen, von seinem materialistischen Standpunkt aus, wobei er sich zwar ganz derselben Terminologie bedient, das Problem aber stets von unten statt von oben aus betrachtet.

Es ist aber doch klar, dass das Magnum Opus niemals

vollendet werden kann, wenn und solange wir nicht erfasst haben, dass unsere niederen physischen Begierden und Triebe zeitliche Offenbarungen der göttlichen Schöpferenergie sind; denn erst dann haben wir eine Möglichkeit, diese eingekerkerte schöpferische Kraft freizusetzen, sodass sie auf jenen Ebenen wirken kann, denen sie eigentlich angehört. Die Psychoanalytiker aber — zumindest jene, welche die materielle Manifestation der Schöpfungskraft als die fundamentale Wirklichkeit und alle höheren schöpferischen Bestrebungen nur als Sublimationen dieser materiellen Wirklichkeit ansehen, — werden die wahre Transmutation niemals vollenden können. Denn die letzte Transmutation, das Magnum Opus der Alchemisten und Rosenkreuzer, erfordert vor allem nicht nur den Glauben, sondern die Gewissheit, dass die geistigen, göttlichen Dinge das Primäre und die stofflichen das Sekundäre sind, dass das Niedere eine (begrenzte) Erscheinungsform des Höheren ist und nicht umgekehrt sich das Niedere im Höheren offenbart. Vor allem müssen wir in der Realität der geistigen Dinge fest verankert sein, wollen wir die eingesperrten Kräfte unserer niederen Natur zu jenen höheren Ebenen erheben; und solange der Psychoanalytiker nicht selbst auf dieser Höhe steht, kann er unmöglich seinem Patienten helfen, das Werk der Sublimierung zu vollbringen. Ja, er kann sogar zu einer wirklichen Gefahr für seine Opfer werden, wenn er ihre verborgenen Komplexe ans Licht fördert und freisetzt, ohne dann imstande zu sein, sie diese in die göttliche schöpferische Energie transmutieren zu lassen. Der Weg der Psychoanalytiker ist denn auch besät mit den Wracks der Unglücklichen, in denen die Libido wohl erweckt wurde, aber nicht transmutiert werden konnte.

PSYCHOANALYSE UND DER OKKULTE PFAD.

Der einzige, der das Werk mit Sicherheit vollenden kann, das der Psychoanalytiker so oft in fast tölpelhafter Weise anpackt, ist der MEISTER DER WEISHEIT bei der Schulung seines Schülers. Er allein weiß, wie viel von den verborgenen Komplexen oder *Skandhas* er ohne Gefahr für seinen Schüler an die Oberfläche des Bewusstseins bringen kann; er allein ist imstande, den Portschritt dieses Schülers zu überwachen und genau zu sehen, was er ihm von dem Werke der Transmutation zumuten kann, und er ist schließlich der Einzige, der die schöpferische Energie, das Schlangenfeuer, die *Kundalini*, gefahrlos freisetzen und nach innen und aufwärts durch die verschiedenen Zentren des Körpers leiten kann, sodass der Mensch ein Schöpfer im Geist zu werden vermag. Insoweit die Psychoanalyse diese große Transmutation versucht, ist sie oft nur die materialistische Karikatur des okkulten Pfades. Sie ist von unermesslichem Werte, wo es sich um die Behandlung von Fällen abnormaler Psyche handelt, sie ist aber unzureichend, jene endgültige Vollendung der menschlichen Entwicklung zu vollbringen, welche die Alchemisten das Magnum Opus, das Große Werk, nennen.

Gleichzeitig ist es aber doch wieder nur ein weiteres Symptom für das Herannahen des Reiches des Heiligen Geistes, dass nicht nur die Psychoanalyse, sondern das gesamte Problem der schöpferischen Energie, im Gebiete des Geschlechtslebens wie in der Welt des Geistes, eine so hervorragende Stelle einzunehmen beginnt und sich so viel mehr bemerkbar macht, als dies jemals früher möglich gewesen ware. Dank diesem erhöhten Interesse an der Manifestation der schöpferischen Energie in unserer eigenen Natur wird es auch schließlich doch möglich sein, das ganze Problem der Beziehung zwischen den Geschlechtern in jene reinere Atmosphäre zu heben, in die es gehört, und die Welt von dem Alpdruck missverstandener und missgeleiteter Begierde und Leidenschaft zu befreien, welcher die Ursache so unsagbaren Elends war und leider immer noch ist.

Möge ein tieferes Verständnis für den Heiligen Geist, den großen Reiniger, der durch das Feuer seiner schöpferischen Energie alles ausbrennt, was in uns irdisch und niedrig ist, dem Menschen helfen, jenes große Werk zu vollenden, von dem die Alchemisten und Rosenkreuzer in verschleierten Ausdrücken sprachen, das aber jetzt offen erörtert und begriffen werden kann, — das Werk der Transmutation der schöpferischen Energie von ihrer physischen oder stofflichen Manifestation zur geistigen und göttlichen Schöpfertätigkeit, auf dass die Menschen das Mysterium der Schöpfung auch in seiner Offenbarung als geschlechtlichen Schöpfungsakt in seinem wahren Lichte als geheiligte und wundervolle Offenbarung der Gegenwart Gottes des Schöpfers im Menschen erschauen!

ZWEITER TEIL.
DER GÖTTLICHE INTELLEKT.

Siebentes Kapitel.

ABBILD ZUM URTYP.

In den bisherigen Kapiteln haben wir versucht, uns eine Vorstellung von dem Aspekt Gottes des Heiligen Geistes als der schöpferischen Tätigkeit der Gottheit zu machen. Nun müssen wir uns mit dem Heiligen Geist als dem göttlichen Intellekt beschäftigen. Es ist selbstverständlich unmöglich, diese beiden Aspekte ganz voneinander zu trennen, denn der Heilige Geist ist eine Einheit, wenn er sich auch auf vielfache und verschiedene Weise offenbart. So sind auch die schöpferische Wirksamkeit Gottes und der göttliche Intellekt in Wahrheit ein und dasselbe, denn es ist der göttliche Intellekt, der kraft seiner Imagination schafft und das Weltall dadurch ins Dasein ruft, dass er es denkt. Wir vollbringen ja dasselbe, obgleich auf einer unendlich tieferen Stufe, wenn wir eine Gedankenform bilden; auch hier ist es wieder die schöpferische Energie des Heiligen Geistes in uns, die es ermöglicht, dass unsere Gedanken eine Wirklichkeit werden. So können wir uns auch vorstellen, dass die Gottheit ein Weltall und alle Formen in ihm durch ihre Einbildungskraft schafft, indem sie sich ein Bild davon formt. [1]) Und

---

1) Ich möchte meine Leser hier wieder an die Stelle in meinem Vorwort erinnern, wo ich dargelegt habe, dass ich mich in vorliegendem Werke nicht mit Gott als der ewigen, namenlosen Wirklichkeit, die sich hinter allen Universen verbirgt, sondern mit Gott als dem Sonnenlogos, dem Schöpfer eines Sonnensystems, beschäftige.

gleichwie sich unsere Gedankenform auflöst, wenn wir unsere Aufmerksamkeit von ihr abziehen, ebenso besteht auch das Weltall nur insofern, als es durch jenen göttlichen Gedanken aufrechterhalten wird. Würde diese göttliche Einbildungskraft auch nur für einen Augenblick angehalten, würde die göttliche Aufmerksamkeit von dem Bilde abgezogen werden, das Weltall würde sich in Nichts auflösen.

Gleichwie nun das Weltall durch das göttliche Denken, die schöpferische, bildwirkende Tätigkeit der göttlichen Intelligenz geschaffen und ständig wieder erschaffen wird, so wird auch das Leben jedes einzelnen von uns durch die Kraft unseres Denkens geschaffen und wiedererschaffen. Wie wir denken, so werden wir. Die schöpferische Kraft, die unser Leben formt, liegt nicht in unseren Worten oder Emotionen, ja nicht einmal in unseren Handlungen, sondern in der bildwirkenden Kraft unseres Denkens. Wenn wir uns durch die schöpferische Energie unserer Einbildungskraft ein Bild von dem machen, was wir zu werden anstreben, dann werden wir je nach der Intensität, die unserer Vorstellung innewohnt, auch imstande sein, sie in unserem täglichen Leben zu verwirklichen. Auf diese Tatsache gründet sich die Macht der Autosuggestion. Nur mit Einbildungskraft begabte Menschen können jemals schöpferisch sein. Niemand kann ohne eine stark entwickelte Einbildungskraft irgendetwas Großes im Leben vollbringen.

GOTTES WELT — DIE EINZIG REALE WELT.

Die Welt besteht also nur, weil und solange Gott sie denkt, und das einzig wirkliche, das einzig existierende Weltall ist das, wie es im göttlichen Gedanken besteht. Manche Theosophen malen sich eine vollkommene, im göttlichen Intellekt existierende Welt aus und sehen die uns umgebende, anscheinend sehr unvollkommene Welt für einen nur teilweise erfolgreichen Versuch an, den göttlichen Urtypus zu verwirklichen. Doch ist dies keineswegs die wahre Beziehung, in der unsere Umwelt zu jener Welt steht, wie sie im Denken des göttlichen Intellektes besteht, der Gott der Heilige Geist ist. Es gibt nur eine wirkliche Welt und das ist die Welt, wie sie im göttlichen Denken existiert; niemals hat es eine andere Welt gegeben noch wird jemals eine andere sein, denn alle Welten bestehen nur insofern, als sie von Gott gedacht werden. Was wir die uns umgebende Welt nennen und was selbst manche Theosophen leicht als eine objektiv existierende Wirklichkeit ansehen, die unabhängig von ihrem Bewusstsein besteht, ist nicht die Welt an sich; sie ist nur *unsere* Welt und nichts anderes. Wir sehen rund um uns eine Welt mit einem blauen Himmel, grünen Bäumen und verschieden geformten und gefärbten Geschöpfen und glauben, dass diese Welt in Wirklichkeit mit all diesen Eigenschaften behaftet ist, mögen wir sie gerade wahrnehmen können oder nicht. Dies aber ist nun die große Illusion, die fundamentale *Maya* unserer Existenz, und wenn wir das Reich Gottes des Heiligen Geistes, die Welt des Wirklichen betreten wollen, dann müssen wir vor allem diese Täuschung besiegen und sehen lernen, dass alles, was wir die Welt um uns nennen, in Wirklichkeit nur das Bild ist, das in unserem Bewusstsein durch die Reaktion der Welt, wie sie im göttlichen Denken existiert, auf dieses Bewusstsein entsteht.

UNSER WELTALL UND DAS EINES ENGELS.

Wir können uns das Vorhandensein dieser Täuschung leicht beweisen, wenn es auch nicht leicht fallen mag, sie im Alltagsleben vollkommen zu begreifen. Stellen wir wieder einmal fest, welche Vorstellung der Durchschnittsmensch von den Beziehungen zwischen sich und seiner Umwelt hat. Er glaubt, dass diese Welt genauso existiert, wie er sie durch seine fünf Sinne wahrnimmt, dass der Raum, in dem er sich befindet, die Landschaft, die er betrachtet, immer, gleichgültig ob er sich dort aufhält oder nicht, eben das Gleiche sein wird, wie er es gerade sieht. Nun können wir uns sehr leicht davon überzeugen, dass sich dies nicht so verhält. Wir Menschenwesen sind mit einer gewissen Gruppe von Sinnen begabt, die auf gewisse Schwingungsreihen in der Luft oder im Äther reagieren, und die Reaktionen auf diese verhältnismäßig begrenzten Schwingungsgruppen nennen wir Farbe, Ton usw. Zwischen den Schwingungsreihen, auf die wir reagieren, liegen aber unzählig viele andere, deren wir uns gänzlich unbewusst sind, auf die wir nicht reagieren. Stellen wir uns nun ein Wesen vor, das auf unsere besonderen Schwingungsgruppen nicht reagiert, sondern seinerseits mit Sinnen begabt ist, die auf Schwingungsreihen reagieren, die für uns praktisch nicht existieren. Das gesamte Weltall eines solchen Wesens wäre von dem unseren vollständig verschieden und dennoch wäre es ebenso berechtigt, seine Welt *die* Welt zu nennen, wie wir es sind, die unsere so zu bezeichnen.

Ein Beispiel hierfür zeigt uns der Unterschied zwischen der Wahrnehmung, die ein menschliches Wesen, und jener, die ein zum Naturreich der Devas oder Engel gehörendes Wesen von der Welt hat, das also jener wunderbaren Entwicklung angehört, die parallel zu unserer menschlichen verläuft und in der wir die glanzvollen Wesenheiten finden, von denen viele weit über unserer normalen menschlichen Entwicklungsstufe stehen und im Christentum Engel, in den Religionen Indiens Devas genannt werden. Wenn wir beispielsweise eine lebende Pflanze betrachten, so erscheint sie uns als ein Gegenstand von ganz bestimmter Gestalt und Farbe, der in uns, wenn wir ihn berühren, eine gewisse Empfindung der Härte oder Weichheit hervorruft. Für den Engel aber würden die besonderen Merkmale der Pflanze nicht in erster Linie und vor allem in ihrer Gestalt oder Farbe, sondern in den Lebenskräften liegen, die durch sie strömen und diese Pflanze von innen her erschaffen und aufrechthalten. Gleicherweise erscheint uns ein elektrischer Draht, durch den ein Strom läuft, nur eben in der äußeren Form des Drahtes; für das Bewusstsein des Engels wäre aber nicht die Form des Drahtes, sondern die Kraft, die ihn entlang strömt, das hervorstechendste Merkmal. Wir können so unschwer begreifen, dass die Welt, wie sie einem Engel erscheint, gänzlich verschieden ist von der Welt, wie wir sie wahrnehmen. Welche von diesen beiden Welten aber ist nun *die* Welt? Haben wir unrecht oder der Engel?

Wir sind beide im Unrecht und sind beide auch im Recht: jede unserer Welten ist eine vollkommen rechtmäßige, aber keine von ihnen ist wirklich *die* Welt. Wir beiden leiten unsere Welt vom Universum ab, wie es im göttlichen Intellekt besteht, aber die Art und Weise, wie sie uns erscheint, wird ganz und gar durch uns bedingt. Und so leben wir in einer Welt, die wir uns als die von uns unabhängige Welt vorstellen mögen, die aber in Wirklichkeit nur unsere Welt und nichts anderes ist.

DAS MYSTERIUM DER SINNESWAHRNEHMUNG.

Das, was wir Sinneswahrnehmung nennen, ist stets ein Mysterium gewesen; wir können so viele Werke über diesen Gegenstand lesen, wie wir wollen, niemals werden wir eine zufriedenstellende Erklärung dafür finden, wie wir die Dinge wahrnehmen. Es wird uns gesagt, dass das, was wir Gesicht nennen, darin besteht, dass gewisse Ätherschwingungen, durch die Linse unseres Auges gebrochen, auf die Netzhaut im Hintergrunde unseres Auges einwirken und in den Stäbchen und Zäpfchen, aus denen die Netzhaut besteht, eine chemische Veränderung hervorrufen. Hiernach kann man eine Bewegung entlang des Sehnervs bis zu dem Gehirnzentrum verfolgen, das mit dem Gesichtssinn in Beziehung steht, und dort geht wieder eine chemische Veränderung vor sich. Diese ist das letzte, was wir auf der stofflichen Seite unserer Sinneswahrnehmung wissenschaftlich verfolgen können, und plötzlich sehen wir, das bewusste Individuum, den grünen Baum oder den blauen Himmel. Nun ist es doch augenscheinlich, dass zwischen dieser letzten physischen Manifestation, der chemischen Veränderung in unserem Gehirn, und unserem Bewusstwerden eine Kluft gähnt, die nicht überbrückt werden kann. Dabei hilft es uns gar nicht im geringsten, wenn wir die Sinneswahrnehmung einige wenige Ebenen höher verfolgen und die Veränderung beschreiben, die im Gefühls- oder Gedankenkörper vor sich geht, wenn wir sehen; das Ende ist stets eine Veränderung in der Materie eines unserer Körper und dann entsteht plötzlich in der Welt unseres Bewusstseins die Wahrnehmung des grünen Baumes. Wie entsteht nun aber dieses Bild des Baumes in unserem Bewusstsein? Das ist das große Problem, das weder Philosophie noch Wissenschaft in genügender Weise zu lösen vermögen. Gewiss, die Wissenschaft gibt zu, dass wir uns nur dessen bewusst werden, was als Bild in unserem Bewusstsein existiert; sie gibt weiter zu, dass wir in letzter Hinsicht nicht wissen, was die wirkliche Natur des Gegenstandes außer uns ist, dessen Schwingungen unser Auge treffen, und sie räumt auch ein, dass wir jenen mysteriösen und unbekannten Gegenstand, von dem die Schwingungen herrühren, mit dem Bilde, das in unserem Bewusstsein hervorgebracht wird, überdecken und dieses Bild fälschlich für den ursprünglichen und unbekannten Gegenstand ansehen. Was uns aber nicht erklärt wird und nicht erklärt werden kann, ist die Frage: wie werden die Schwingungsveränderungen, die in unserem Körper hervorgerufen werden, in das Bild verwandelt, das in unserem Bewusstsein entsteht? Und die Wissenschaft wird sie niemals erklären können, bevor sie nicht zur Erkenntnis gelangt, dass sie sich der Lösung des Problems auf einem falschen Weg zu nähern versucht.

WORIN DIE THEORIE VON DER SINNES-WAHRNEHMUNG IRRT.

Die Wissenschaft geht, vollkommen berechtigterweise, von der Annahme aus, dass die Welt um uns, die wir durch die Sinne wahrnehmen, eine unbekannte Größe ist, und geht dann einen Schritt weiter und sagt, dass alles, was wir von ihr wissen, ist, dass gewisse Schwingungen verschiedener Art unsere Sinne treffen und gewisse Veränderungen durchmachen, um schließlich in den Zentren unserer Gehirnmaterie zu enden, die unseren verschiedenen Sinnen entsprechen. So weit gekommen, findet sie es aber unmöglich, die Kluft zu überbrücken, die sich zwischen der letzten physischen Veränderung und dem Bilde auftut, das in unserem Bewusstsein entsteht, und wundert sich, warum sie dieses Problem nicht zu lösen vermag. Und doch wäre es viel wunderbarer, wenn sie es vermöchte, denn sie begann eine Dualität dort anzunehmen, wo es keine gibt.

UNSER KÖRPER UND UNSERE SINNE — GLEICH-FALLS TEILE UNSERES WELTBILDES.

Die Aussage, dass das uns umgebende Weltall eine unbekannte Größe ist, trifft vollkommen zu; aber warum sollen wir dann gewisse Teile dieses Weltalls als nicht unbekannte, sondern vielmehr als uns wohlbekannte Größen aussondern? Warum sollen wir behaupten, dass wir zwar von den Gegenständen, die wir durch unsere Sinne wahrnehmen, nichts wissen, dass wir aber wissen, dass eine Schwingung uns erreicht, dass sie durch die Sinnesorgane weitergeleitet wird und gewisse Gehirnzentren affiziert? In Bezug auf das Problem, mit dem wir uns hier beschäftigen, sind die Schwingungen, die unsere Sinne von äußeren Gegenständen aus treffen, unsere Sinnesorgane selbst, das Gehirn und unser ganzer Körper und alles, was zu ihm gehört, eine genauso unbekannte Größe wie die Gegenstände der Außenwelt, die wir mit Hilfe jener Sinne wahrnehmen, und wir sind nicht berechtigt, irgendeine Gruppe unbekannter Größen auszusondern, sie als real und bekannt anzunehmen und mit ihnen den Rest zu prüfen! Wieso können wir denn wissen, dass wir ein Gehirn besitzen, wieso wissen, dass wir Sinnesorgane haben, wie können wir wissen, wie diese beschaffen sind, wie können wir denn wissen, dass es so etwas wie Schwingungen gibt, und wie können wir etwas über chemische Veränderungen wissen, die sich in uns abspielen? Eben dadurch, dass wir sie sehen, berühren und mit Hilfe von hierzu erbauten Instrumenten beobachten; d. h. also, dass wir Schwingungen, Sinne, Gehirn und Körper als real annehmen, weil wir sie eben durch diese Schwingungen, Sinne, Gehirn und Körper wahrnehmen. Oder, um es klarer auszudrücken, wir prüfen die Realität der Teile unserer Welt durch die Teile selbst. Wenn wir aber wissenschaftlich exakt und philosophisch korrekt sein wollen, dann müssen wir alle Gegenstände oder Geschöpfe, von denen wir annehmen, dass sie in der uns umgebenden Welt existieren, in ein und dieselbe Klasse einreihen, mögen es nun Bäume oder Steine, mögen es unsere eigenen Sinnesorgane, unsere Körper oder die Schwingungen sein, die von verschiedenen Gegenständen kommen und auf unsere Sinne wirken. Für sie alle ohne Ausnahme gilt ebendasselbe, was wir für den Baum oder irgendein anderes Objekt in der Außenwelt als wahr gefunden haben: das Ding-an-sich ist eine uns unbekannte Größe und alles, was wir kennen, ist nur das Bild, das es in der Welt unseres Bewusstseins bewirkt.

NICHT „PERZEPTION", SONDERN „PROJEKTION".

Alles, was wir über die Welt aussagen können, die wir um uns sehen, oder vielmehr von der wir denken, dass wir sie um uns sehen, ist also, dass es eine Wirklichkeit gibt: die Welt, wie sie im göttlichen Intellekt existiert. Wir sind dort, das wirkliche WIR; der Raum, in dem ich sitze, er ist dort, das Papier, das ich in meiner Hand halte, es existiert dort; das Auge, mit dem ich, wie ich denke, das Papier seile, es ist dort, usf. — alles, was mir in meiner Welt erscheint, existiert dort in der Welt des Wirklichen, nicht räumlich voneinander getrennt, sondern in der Einheit des göttlichen Intellektes und in gegenseitiger Wechselwirkung. Wenn nun die Wirklichkeit in der göttlichen Welt, die ich mein Ich nenne, den Einfluss anderer Wirklichkeiten erleidet, wie dies ja unaufhörlich der Fall ist, so wird hierdurch bewirkt, dass in der Sphäre meines Bewusstseins gewisse Bilder hervorgerufen werden, die jenen Wirklichkeiten in der Welt des göttlichen Intellektes entsprechen, und sich gewisse Vorgänge ereignen, die den

Wechselwirkungen entsprechen, die sich in der Welt des Wirklichen abspielen. So greift in der Welt meines Bewusstseins eine getreue Projektion der Dinge Platz, die in der Welt des Wirklichen aufeinander wirken; das Bild aber in meinem Bewusstsein, meine Welt, ist mein Werk, meine Schöpfung, ein Schatten, der auf den Schirm meines Bewusstseins von den Wirklichkeiten im Innern geworfen wird. Die Bilder in meinem Bewusstsein, die ich die Welt um mich nenne, sind also in Wirklichkeit nichts anderes als die Projektion oder Vergegenständlichung der Welt des Wirklichen, die da die einzige Welt ist, die in Wahrheit ist.

DER GRUNDIRRTUM.

Nun ist dies alles ziemlich einfach und stellt uns keine ernsten Probleme entgegen. Aber die Schwierigkeiten beginnen, wenn wir das in unserem Bewusstsein reproduzierte Bild von dem Bewusstsein trennen, in dem es entstand, wenn wir also gleichsam unsere eigenen Schöpfungen, die Bilder in unserem Bewusstsein, als Dinge annehmen, die an sich und unabhängig von uns existieren, und uns dann zu wundern beginnen, wieso wir ihrer bewusst werden, wieso wir diese Welt wahrnehmen können, die uns gegenübersteht. Natürlich können wir niemals die Antwort finden, denn wir stellten die Frage von einem vollkommen irrtümlichen Standpunkt aus. Der Grund, weshalb die Kluft zwischen der letzten chemischen Veränderung in unserem Gehirn und dem in unserem Bewusstsein entstehenden Bilde des grünen Baumes nicht überbrückt werden kann, liegt einfach darin, dass eine solche Kluft in Wirklichkeit gar nicht besteht! Es gibt keine von unserem Bewusstsein vollkommen getrennte materielle Welt, die in unserem Bewusstsein auf irgendeine geheimnisvolle Weise jene Bilder hervorruft, die wir die Welt nennen. Was wir als die Schwingungen, die von den Gegenständen ausgehend uns erreichen, und als die chemischen oder motorischen Veränderungen bezeichnen, die in unserem Körper vor sich gehen, — sie alle sind Bilder, die durch die Wechselwirkung, welche die Dinge-an-sich in der Welt der Wirklichkeit ausüben, in unser Bewusstsein projiziert werden. Sie sind wohl real, nämlich insofern als es eine wirkliche Entsprechung zwischen dem Phänomen, das in der Welt unseres Bewusstseins erscheint, und jener Wirklichkeit gibt, die auf unser Bewusstsein einwirkt und in ihm das Bild hervorruft, und wir gehen vollkommen sicher, wenn wir die Schlussfolgerungen der physikalischen Wissenschaften, ihre Gesetze und Lehren und unsere täglichen Erfahrungen in dem, was wir unsere physische Welt nennen, für wirklich hinnehmen. Nur sollten wir uns dessen bewusst bleiben, dass all dies nur relativ wirklich ist, d. h. dass es für unser Bewusstsein und in diesem wirklich ist, insofern es Bilder oder „Gewahrwerdungen" sind, die in unserem Bewusstsein durch die Einwirkung der Dinge-an-sich in der Welt des Wirklichen hervorgerufen werden.

PLATOS BILD VON DER HÖHLE.

Wir gleichen in Wahrheit den Gefangenen in Platos Höhle. In seinem „Staat" vergleicht er die Menschen mit Gefangenen, die am Grunde einer Höhle derart gefesselt sind, dass sie ihr Gesicht der Rückwand der Höhle zukehren, während sich über und hinter ihnen eine Öffnung befindet, die von der Höhle ins Freie führt. Außerhalb der Höhle geht das gewöhnliche Leben seinen Gang. Verschiedene Dinge, Pferde, Menschen, bewegen sich an der Höhle vorbei, doch nichts von diesen Wirklichkeiten können die Gefangenen in dieser Höhle wahrnehmen. Was sie zu sehen vermögen, sind nur die Schatten, die von den wirklichen Geschöpfen und Gegenständen, die sich an der Öffnung vorbei bewegen, auf die Rückwand der Höhle geworfen werden; und dieses Schattenspiel nennen sie die Welt.

Es ist die einzige Welt, von der sie wissen, ebenso wie wir keine andere Welt kennen als diejenige, die in unserem Bewusstsein entsteht. Aus den auf der Wand erscheinenden Schatten und dem regelmäßigen Auftreten der gleichen Schatten und Schattenereignisse ziehen sie gewisse Schlussfolgerungen und schaffen sich so eine Art von Wissenschaft in Bezug auf ihre Schattenwelt, die für sie eine durchaus wirkliche, die einzig wirkliche Welt ist. Man kann ohne weiteres einsehen, dass sie sehr gut zu einer relativ richtigen Erkenntnis mancher außerhalb der Höhle existierender Wirklichkeiten gelangen, ja sogar manche der Gesetze entdecken können, die deren Beziehungen beherrschen; trotzdem aber könnte man ihre Welt nur als eine sehr unreale bezeichnen. Die in der Höhle Gefangenen würden uns aber keinen Glauben schenken, wenn wir ihnen sagten, dass ihre Welt nur ein Schattenspiel sei.

Von Zeit zu Zeit gelingt es nun einem der Gefangenen, sich von seinen Fesseln zu befreien und die Öffnung der Höhle zu entdecken, die zur Außenwelt führt. Anfangs wird er vom Sonnenlicht geblendet, das er noch nie erschaut hat, und ist unfähig, irgendwelche Formen und Gegenstände wahrzunehmen, sondern wird sich nur der Freiheit und eines alles durchflutenden Lichtes bewusst. Allmählich aber unterscheidet er die verschiedenen Gegenstände in dieser Welt und von Begeisterung über die Entdeckung der Wirklichkeit nach all den schattenhaften Illusionen erfüllt, in die er so lange eingesponnen war, kehrt er zu seinen Mitgefangenen zurück und berichtet ihnen, dass er endlich die Welt der Wirklichkeit entdeckt habe, dass sie bisher immer nur eine Welt von Schatten geschaut haben und dass sie, wenn sie nur ihr Antlitz in die entgegengesetzte Richtung wenden wollten, eine Welt erblickten, zu der sich die Rückwand der Höhle wie Finsternis zu Licht, wie Tod zu Leben verhielte. Aber keiner würde ihm glauben, sie würden die Achsel zucken und den armen Menschen bedauern, der seinen Verstand verloren hat. Denn sie wissen ja vollkommen, dass ihre Welt die reale Welt ist, sehen sie doch die Schatten auf der Wand ihrer Höhle, die immer wieder auf die gleiche Weise wiederkehren. Wie kommt dieser Mann dazu, ihnen zu erzählen, dass ihre Welt unwirklich sei? Und so fahren sie fort, in ihrer Schattenwelt zu leben und das Unwirkliche für das Wirkliche zu halten.

WIR SIND DIE GEFANGENEN.

Dies ist nun genau unsere Lage im Leben. Wir sind gefangen in der Höhle unseres Bewusstseins und blicken auf dessen Wand, auf die sich das Schattenspiel der Dinge projiziert, die in der Welt des Wirklichen sind. Auch wir vergessen ganz die Tatsache, dass sich hinter uns die Öffnung unserer Höhle befindet und wir durch sie die Welt der Wirklichkeit betreten können. Und wenn sich einer unserer Mitgefangenen gelegentlich befreit und den Eingang zur Welt des Wirklichen gefunden hat und dann zurückkehrt, uns in seiner Begeisterung von den Herrlichkeiten jener Welt erzählt und uns von der hoffnungslosen Unzulänglichkeit unseres kleinen Schattenspieles spricht, dann glauben wir ihm nicht, nennen ihn verrückt und bedauern ihn wegen seiner augenblicklichen Verirrung. Wir sagen: „Diese Welt ist wirklich; ich weiß, dass sie wirklich ist. Kann ich denn nicht ein Buch auf den Boden werfen, kann ich nicht einen Nagel in die Wand treiben, verletze ich mich nicht, wenn ich statt des Nagels meinen Finger treffe? Ist dies alles nicht etwa ganz und gar wirklich und wer ist es, der mir einreden wollte, all dies sei unwirklich?" Nun ist es ebenso ein Ding der Unmöglichkeit, einem Blinden zu erklären, was Licht sei, wie die Welt des Wirklichen jemand begreiflich zu machen, der sich weigert, sich umzudrehen und sie anzuschauen. Doch mag es uns vielleicht helfen, wenn wir die Täuschung oder Maya der Wirklichkeit erklären, die es uns so schwer macht, unsere kleine Schattenwelt gegen die unendlich größere Welt des Wirklichen einzutauschen. Ich möchte auch nicht für einen Augenblick leugnen, dass wirklich etwas geschieht, wenn ich auf meinen Daumen schlage, statt auf den Nagel, den ich in die Wand treiben will, oder wenn ich mein Buch auf den Boden werfe, und dass meine Schmerzempfindung etwas ganz Reales ist. Aber die Wirklichkeit der Sache, die Wirklichkeit des Schmerzes, die Wirklichkeit der Wand, des Hammers, meines Daumens und all meiner kleinen Schattenwelt kann ich nur in der Welt des Wirklichen finden. Tatsächlich ist etwas geschehen und die verschiedenen Dinge-an-sich in ihrer wechselseitigen Einwirkung haben eine Wirkung hervorgerufen, die ich in den in meinem Bewusstsein entstandenen Bildern als „das Einschlagen eines Nagels in die Wand und das Treffen meines Daumens an seiner Stelle" wahrnehme. Die Unwirklichkeit ist nicht im Ereignis oder in den Dingen, sondern in der Art und Weise gelegen, wie sie mir in meinem Bewusstsein, in meiner Bilderwelt erscheinen, und in der Bedeutung und Wirklichkeit, die ich ihnen in ihr zuschreibe.

DIE BEDEUTUNG DER MAYA.

Die große Maya bedeutet durchaus nicht, dass die Welt nicht existiere — das wäre reiner Wahnsinn —, sondern sie bedeutet, dass das, was ich „die Welt" nenne, nur das Bild oder das Gewahrwerden ist, das in meinem Bewusstsein infolge der gegenseitigen Einwirkung dieses meines Bewusstseins mit anderen Wirklichkeiten in der Welt des Realen entsteht. Dieses in meinem Bewusstsein entstandene Gewahrwerden oder Bild zerlege ich dann in seine Bestandteile, ordne es in meinem Bewusstsein rund um mich an und nenne es die Welt, die einzig wirkliche Welt. Und dies ist die große Täuschung; denn sie ist die einzige Welt, die nicht objektiv wirklich ist! Es gibt nur eine einzig reale Welt und das ist die Welt, wie sie im göttlichen Denken existiert. Diese Welt ist nicht an Raum und Zeit gebunden, wie die unsere, diese Welt hat keine grünen Bäume, keinen blauen Himmel oder irgendeine der Eigenschaften, die unser Weltbild besitzt; aber in dieser Welt sind Wirklichkeiten, die den Dingen an sich angehören, die wir in unserem Weltbild in die Ausdrücke von Raum, Zeit und Qualität übersetzen. Solange wir begreifen, dass all dies sich ausschließlich innerhalb unseres Bewusstseins aufbaut, laufen wir keine Gefahr, der großen Illusion zu verfallen. Wenn wir aber diese vitale Verbindung mit unserem Bewusstsein leugnen und uns einbilden, das Gewahrwerden oder Bild, die in unserem Bewusstsein entstehende Perzeption sei die Welt an sich, die reale Welt, und dann im Hinblick auf dieses von uns so künstlich von unserem Bewusstsein abgetrennte Bild alle möglichen Fragen stellen, dann beginnen die Schwierigkeiten, dann hat uns die Maya in ihren Klauen. Das, was sich in unserem Bewusstsein abspielt, ist nicht das Eindringen eines Bildes, das auf geheimnisvolle Weise mit Qualitäten wie: „Grünheit",

„Blauheit", „Härte" oder „Weichheit" begabt ist, sondern vielmehr die Projektion oder Vergegenständlichung von Dingen in die Sphäre unseres Bewusstseins, die nicht außen, sondern innen sind. So ist das, was geschieht, nicht so sehr eine Perzeption durch die Sinne, sondern eine Projektion durch unser Bewusstsein. Nur dann, wenn wir dies ganz und gar begreifen, gibt es eine Möglichkeit für uns, die große Täuschung zu überwinden und die Welt des Wirklichen zu betreten. Wir haben diese Idiosynkrasie unserer menschlichen Beschaffenheit zu beherrschen, die es bewirkt, dass wir in der Welt des Bewusstseins das, was innen ist, um uns herum projizieren, und wir müssen unsere Aufmerksamkeit nach innen konzentrieren, statt in Bewunderung verloren auf unser eigenes Weltbild zu starren, wie die Gefangenen in Platos Höhle auf die Schatten an der Wand.

WIE KÖNNEN WIR DIE WELT GOTTES DES HEILIGEN GEISTES BETRETEN?

Es ist kraft eines gewissen Meditationsprozesses möglich, unsere Aufmerksamkeit von dem Weltbild abzuziehen, in das wir derart eingehüllt sind. Es ist möglich, für einen Augenblick der bilderschaffenden Tätigkeit unseres Bewusstseins Einhalt zu gebieten; wir können uns weigern, das nach außen zu projizieren, was in der Welt des Wirklichen unser Bewusstsein berührt und darauf einwirkt. Es ist möglich, uns ganz auf diesen Punkt des Bewusstseins zusammenzuziehen und durch das Nadelöhr des Bewusstseins in die Welt des Wirklichen einzugehen, in der das Bewusstsein existiert. In diesem Augenblick ist dann nichts da; wir haben unsere Aufmerksamkeit von dem Weltbild abgezogen und die Wirklichkeit noch nicht betreten. Wir dürfen aber nicht auf diesem Punkt verharren, auf dem die große Maya sich einstellte und der die „Antahkarana" der theosophischen Terminologie sein mag. Wir müssen durchstoßen; und wenn wir unser Bewusstsein seinem Weltbild entzogen und seine bilderschaffende Tätigkeit zum Stillstand gebracht haben, dann können wir uns auf der anderen Seite des Bewusstseins in die Welt des Wirklichen erheben.

DAS WUNDER DES ERLEBNISSES.

Unser erster Eindruck dort ist gleich dem des Gefangenen in Platos Höhle, der die Welt hinter sich entdeckt hat. Wir werden geblendet von dem Lichte dieser inneren Welt, wenn es auch kein Licht ist, das Augen sehen können, sondern ein Licht, das uns von innen her erleuchtet. Wir werden uns eines Erlebens bewusst, in dem wir die ganze Welt zu verstehen scheinen, wir verspüren eine Verzückung und ein alles durchdringendes Gefühl äußerster Wirklichkeit, dessen Möglichkeit wir uns auch nicht erträumt haben. Zu Anfang sind diese Erlebnisse so überwältigend, dass wir keine besonderen Einzelheiten in dieser Welt der Wirklichkeiten zu unterscheiden vermögen, sondern nur wie jemand, der durch Jahre in einem finsteren Kerker geschmachtet hat und, in Freiheit gesetzt, bei seiner Rückkehr zum Licht und zur Schönheit der Außenwelt sich in der Freude verliert, die frische Luft atmen, das Sonnenlicht schauen und die Wärme seiner Strahlen fühlen zu dürfen. Allmählich aber beginnen wir in diesem Meer von Licht und Herrlichkeit zu unterscheiden, wobei wohl zu verstehen ist, dass es sich hier nicht um Wahrnehmung durch die Sinne, Hellsichtigkeit oder dergleichen handeln kann. In dieser Welt gibt es keine Gegenstände mit Formen und Farben, da gibt es nicht Raum noch Zeit, wie wir sie hier kennen; aber wir erleben Dinge als Teil unserer selbst, wir sind das, was wir erkennen. Wie wäre es jedoch möglich, in einer Sprache, die sich auf unsere illusionäre Welt mit ihrer illusionären Schönheit gründet, etwas von den übersinnlichen Schönheiten dieser Welt des Wirklichen zu beschreiben? Wie wäre es möglich, eine Schönheit zu beschreiben, die nicht Form, nicht Farbe, die nichts ist, was wir sonst mit unserem Weltbild in Verbindung bringen, in der aber die Fülle all dessen ist, das unser Weltbild bewirkt? Wir müssen es erleben, um zu erkennen, und dem, der sie nicht erlebt hat, können wir die Herrlichkeit jener Welt ebenso wenig erklären wie wir einem Blinden das Licht erklären könnten. Niemand kann jemals in Worten über diese Welt sprechen, die die Welt der lebendigen Wahrheit ist. Kein Buch, kein System, keine Theorie, keine heiligen Schriften, ja keine göttliche Offenbarung kann jemals die ganze Wahrheit dieser Welt des Wirklichen enthalten! Sie ist esoterisch, denn es gibt keine Worte, sie darzulegen; sie ist „okkult" oder verborgen, denn sie kann sich in unserer Welt der Illusion nicht ofenbaren. Jeder Versuch, sie hier unten zu erklären, wird zu einer Verzerrung und kann nur eine verzerrte Vorstellung dessen geben, was ist. Alles, was wir können, ist, den Weg zu zeigen, der zu dieser Welt des Wirklichen führt und darzutun, dass längs dieses Weges wir in dieses wahre und wirkliche Bewusstsein eindringen können. Jeder aber muss das Experiment für sich selbst anstellen.

In äußerster Einsamkeit muss die Seele diesen „Flug des Einen zum Einen" antreten. Niemand kann sie auf dieser Forschungsreise in die Welt des Unbekannten begleiten; nur die alleinige Seele kann, durch den Mittelpunkt ihres Bewusstseins hindurch, sich von ihrem Weltbild in die Welt des Wirklichen erheben. Niemand kann ihr dabei helfen, niemand ihr sagen, wie sie es tun soll. Alles, was wir sagen können, ist: dies ist der Weg, den einige von uns gegangen sind, dies sind die Dinge, die wir auf diesem Wege entdeckt haben, und dies sind die Worte, die nur sehr schwach und unvollkommen etwas von den Herrlichkeiten dieser Welt ausdrücken können, die wir auf dieser Reise gefunden haben. Aber jeder von uns muss für sich allein die Reise in die fürchterliche Leere des Zentrums unseres Bewusstseins unternehmen, durch die allein wir uns in die Welt jener Wirklichkeit erheben können, die dann nichts mehr zu erschüttern vermag.

Es ist etwas Großes und Herrliches um die Kenntnis dessen, was wir die Wissenschaft nennen, die Erkenntnis unseres Weltbildes; noch glanzvoller ist die Kenntnis dessen, was wir die astralen und niederen Mentalwelten nennen; aber sie alle sind nur Weltbilder, die wir in unserem Bewusstsein erzeugen! Nur wenn wir durch das Bewusstsein in unserem Innern hindurchgehen und auf der anderen Seite in der Welt des Wirklichen auftauchen, können wir eine Erkenntnis der Wahrheit und Wirklichkeit erringen, in der es keine Täuschung mehr gibt. *Dort und dann betreten wir die Welt des göttlichen Intellektes, die Welt des Heiligen Geistes.* Unser eigener höherer Intellekt ist nur ein Teil dieses göttlichen Intellektes, wir, das wirkliche Ding, sind nur ein Gedanke in diesem Intellekt, und dennoch sind wir in einer wunderbaren Weise eins mit Ihm, ein Teil von Ihm. Keine Erkenntnis, keine Wahrheit gibt es außer im göttlichen Intellekt. Alles, was wir manchmal als unsere eigenen Entdeckungen aussprechen, alle unsere Erkenntnisse, alle unsere intellektuellen Errungenschaften, alle sind nur eine Offenbarung des einen ewigen göttlichen Intellektes in uns, des Intellektes Gottes des Heiligen Geistes!

Achtes Kapitel.

DIE WELT DES GÖTTLICHEN INTELLEKTES.

Wenn es uns gelungen ist, unsere Aufmerksamkeit von unserem eigenen Weltbild abzuziehen, wenn wir unser Bewusstsein gesammelt und in den Brennpunkt seines Zentrums zusammengezogen und gleichsam unser Antlitz in die entgegengesetzte Richtung gewendet haben, dann tauchen wir durch den Mittelpunkt unseres Bewusstseins auf der anderen Seite in der Welt des Wirklichen empor. Man kann dies sehr gut ein Erlebnis nennen, bei dem das Innere nach außen oder, besser gesagt, das Äußere nach innen gekehrt wird. Unser Weltbild ist die Veräußerlichung dessen, was innen ist, und insolange wir auf dieses veräußerlichte Bild blicken, können wir unmöglich zu einer Erkenntnis des Wirklichen gelangen. Wenn wir aber zuerst in jenen Punkt eingehen, von dem aus das Weltbild projiziert wird, und durch diesen Punkt weiter in die Wirklichkeit, welche diese Projektion in unserem Bewusstsein verursacht, dann wird alles, was in unserem Weltbild „nach außen gerichtet" war, „nach innen gerichtet", und wir selber scheinen in uns das zu enthalten, was wir vorher als außer uns befindlich erblickt hatten. So ist es tatsächlich ein Das-Äußere-nach-Innen-kehren, wenn wir durch den Brennpunkt unseres Bewusstseins uns in die Welt des Wirklichen erheben. Wenn auch stets wohl verstanden bleiben muss, dass es in dieser Welt des Wirklichen keine räumlichen Trennungen zwischen den Dingen gibt, so können wir doch, um ein Gleichnis zu gebrauchen, sagen, dass wir, während wir in unserem Weltbild vom Zentrum unseres Bewusstseins auf die Peripherie des durch uns hindurch projizierten Weitbildes blickten, uns in der Welt des Wirklichen auf der Peripherie und im Mittelpunkt zugleich finden; wirklich vermag man diesen Bewusstseinszustand nicht besser als mit dem Ausdruck zu beschreiben, dass es der Kreis sei, dessen Mittelpunkt überall und dessen Umfang nirgends sei. Man erlebt hier nicht das Gefühl, als ob man sich in etwas unendlich Größeres verloren habe, sondern vielmehr, so fremdartig dies auch klingen mag, als ob dieses unendlich größere Ding im eigenen Bewusstsein enthalten sei. Wenn man daher irgendetwas in dieser Welt des Wirklichen erkennen will, so muss man nur sein Bewusstsein auf jenen Punkt in sich selbst konzentrieren, der jenes besondere Ding darstellt, und erfährt so das wahre Wesen und Sein dieses Dinges im eigenen Bewusstsein.

DAS LEBEN, WIE ES VON DER WELT DES WIRKLICHEN AUS GESEHEN WIRD.

Das erste und dauernde charakteristische Merkmal beim Betreten der Welt des Wirklichen bleibt die Empfindung eines alldurchdringenden, überwältigenden Lichtes, wenn es sich hier natürlich auch nicht um ein sinnlich wahrnehmbares Licht handelt. Licht ist nur der Ausdruck, der dem am nächsten kommt, was nicht außen, sondern innen ist. Zugleich mit dieser Empfindung eines alles durchdringenden Lichtes haben wir das Gefühl der Befreiung, der intensivsten Freude, endlich fähig zu sein, ganz frei zu atmen, als ob wir aus der Dunkelheit eines Kerkers in die Herrlichkeiten des Sonnenscheines und die Schönheiten der Natur gelangt wären. Wenn wir auch nur ein klein wenig von dieser Wirklichkeit erleben, so können wir kaum begreifen, wie wir jemals unsere Welt haben ernst nehmen und uns haben vorstellen können, dass sie die Welt sei, und wenn wir an unser Weltbild denken, das wir in unserem gewöhnlichen Bewusstseinszustand als die Welt hinnehmen, dann verspüren wir ein gutgelauntes, wohlwollendes Interesse gleich dem, mit dem Erwachsene das Spiel von Kindern beobachten.

Und doch setzen wir, sobald wir wieder in unseren normalen Bewusstseinszustand zurückgekehrt sind, unser kindliches Spiel fort und nehmen es ganz und gar ernst; solange wir aber in der Welt des Wirklichen weilen, können wir die Dinge richtig einschätzen, wie sie wirklich sind.

DIE WIRKLICHKEIT VON „GEIST" UND „STOFF".

Wenn wir zunächst versuchen, eines der Probleme unseres täglichen Lebens an der Wirklichkeit jener Welt zu erproben, so finden wir, dass dieses Problem überhaupt keinen Sinn mehr hat; es wird zwar nicht gelöst, aber es hat seine Bedeutung verloren und an seine Stelle tritt die innere Wirklichkeit. So finden wir auch in Bezug auf das Verhältnis von Geist und Stoff, dass diese beiden nicht mehr die Bedeutung haben, die wir ihnen in unserer gewöhnlichen Welt beilegen. Hier, in unserer Welt, erblicken wir in Geist und Stoff zwei einander entgegengesetzte Wesenheiten und glauben, es existiere etwas wie Geist an sich und Stoff an sich. In der Welt des Wirklichen aber nimmt der ganze Gegenstand ein ganz anderes Gesicht an; dort sind wir ja eins mit der Wirklichkeit, in der alle Dinge existieren und deren Zustände oder Offenbarungen alle

Dinge sind — ein Uratom sowohl wie das höchste Wesen, das wir kennen. Hier gibt es keinen Unterschied der Qualität zwischen dem einen und dem anderen, hier gibt es keine Gruppen von Erscheinungen, die wir Stoff, und andere, die wir Geist nennen; diese Worte haben hier ihren Sinn verloren. Das stoffliche Atom hat, wenn in der Welt des Wirklichen erlebt, hier eine ebensolche Realität wie das erhabenste Wesen, wenn auch in dem einen sich das Leben in größerer Fülle offenbart als in dem anderen. Ein wesentlicher Unterschied aber besteht zwischen ihnen nicht.

Wenn wir nun versuchen, in dieser Welt des Wirklichen zu verstehen, wie die Vorstellung eines Unterschiedes zwischen Geist und Stoff entstehen konnte, so kommen wir zu dem Schluss, dass bei der Berührung einer höheren oder volleren Manifestation des göttlichen Intellektes mit einer niedrigeren die geringere Manifestation die größere nicht auszudrücken vermag und für diese somit eine Beschränkung bedeutet. Wenn wir nun eine geringere Offenbarung des Göttlichen erleben, so erscheint sie uns in unserem Weltbild als die Empfindung, von etwas beschränkt zu werden, das uns einsperrt, und *diese Empfindung nennen wir Form.* Wenn wir andererseits in der Welt des Wirklichen mit einer volleren Manifestation des göttlichen Intellektes, als wir es selbst sind, in Berührung kommen, dann haben wir eine Empfindung, die wir in unserem Weltbild mit „Geist" oder „Leben" bezeichnen. Daher erscheint die vollkommenere Manifestation der geringeren als „Leben" oder „Geist", und die geringere erscheint der vollkommeneren als „Stoff" oder „Form". Hieraus folgt, dass ein und dieselbe Manifestation für eine geringere „Leben" und für eine höhere „Form" bedeuten kann. So mögen beispielsweise wir selbst sehr wohl „Leben" für tiefere Manifestationen und gleichzeitig für viel erhabeneren „Stoff" sein, während wir doch stets das gleiche Wesen sowohl in unserer Funktion als Leben als auch in unserer Funktion als Stoff bleiben. Wo ist nun unser großes und mächtiges Problem des Unterschiedes zwischen Geist und Stoff, Leben und Form geblieben? Was wir Stoff nennen, ist nur die Art und Weise, wie niedrigere Manifestationen einer höheren erscheinen. Und so sind Geist und Stoff, Leben und Form nur Ausdrücke, die eine Beziehung zwischen verschiedenen Manifestationen des göttlichen Intellektes ausdrücken sollen und an und für sich keine wirkliche Bedeutung haben. Wir sehen nun auch, dass das Problem, das sich auf die Entstehung des Stoffes und seinen Unterschied vom Geist bezieht, ein in seinem Wesen falsches ist, und es kann niemals gelöst werden, weil es keinen Sinn beinhaltet. In gleicher Weise sind auch unsere theosophischen Dualitäten des Selbst und Nicht-Selbst, Puruscha und Prakriti oder welche Namen wir ihnen immer geben, nicht Bezeichnungen von verschiedenen Seinstypen, sondern ebenfalls nur Ausdrücke, welche die Art und Weise bezeichnen, in der eine Erscheinungsweise des göttlichen Intellektes einer anderen erscheint, denn dasselbe Ding kann für eines das Selbst und für ein anderes das Nicht-Selbst bedeuten.

Sobald wir nun aber an Stoff oder Geist, Selbst oder Nicht-Selbst als an Dinge-an-sich zu glauben beginnen, die in ihrem Wesen voneinander verschieden sind, haben wir die ganze Frage verwirrt und ein Problem aufgestellt, das kein noch so großer Verstand zu lösen vermag, da das Problem *falsch* gestellt ist. Die Wirklichkeit aber kann in Worten nicht gesagt werden. Wohl können wir versuchen, darzutun, wie die Dinge in der Welt des Wirklichen uns erscheinen, aber nur die lebendige Erfahrung dieser Welt kann uns die vollkommene Nichtigkeit des Problems und die glanzvolle Wirklichkeit des Dinges-an-sich zeigen und empfinden lassen.

DIE ZEIT IN DER EWIGKEIT.

Das gleiche gilt für unser Zeit- und Raumproblem. In dem Kapitel über das dynamische Weltall habe ich mich schon mit der Tatsache beschäftigt, dass das Ding-an-sich stets das gesamte Geschöpf von seiner Geburt als manifestiertes Wesen bis zum letzten Ende seiner Manifestation als solches darstellt und dass dieses gesamte Wesen in der Welt des Wirklichen als eine Realität existiert — ja, dass dies das einzig wirklich Reale ist und dass das, was wir hier in unserem Weltbilde als den gegenwärtigen Augenblick erleben, nur der nicht-existierende Querschnitt dieses wirklichen Wesens ist. Aber auch die Bezeichnung „Querschnitt" gibt uns keine wirkliche Erklärung dessen, um was es sich hier handelt; doch möge es genügen, darauf hinzuweisen, dass in der Welt des Wirklichen alles, was wir hier unten Zeit, Evolution, Wechsel oder Wachstum nennen, als dauernde Wirklichkeit gegenwärtig ist. Wenn wir in der Welt des Wirklichen das tiefe Problem vom Beginne der Zeit betrachten, so können wir nicht umhin, uns über das Problem selbst zu belustigen, so unmöglich erscheint uns dort die ganze Fragestellung; denn wie kann eine Periode, die in der Welt des Wirklichen ein vollkommenes Ding ist, einen Anfang oder ein Ende haben? Dort erleben wir nicht den Anfang oder das Ende eines Evolutionszyklus, sondern das ganze ist dort eine vollkommene Einheit. So schwemmt die Theosophie oder die göttliche Erfahrung in der Welt des Wirklichen dieses Problem des Zeitbeginnes einfach hinweg, das keine Aufeinanderfolge zahlloser „Manvantaras" und „Pralayas" jemals lösen kann. Die Herrlichkeit des wirklichen DINGES, wie wir es in der Welt des Wirklichen erleben, ist unendlich größer als irgendeine Lösung, die uns Verstand oder Logik bieten können, und gewährt uns die einzig dauernde Befriedigung.

RAUM UND ALLGEGENWART.

Ebenso gibt es in der Welt des Wirklichen nicht mehr ein Problem des Raumes. Denn wer kann noch von Grenzen des Raumes sprechen und dem, was jenseits ihrer ist, wenn wir in der Welt des Wirklichen, innerhalb unseres Bewusstseins, uns auf alles konzentrieren können, was immer wir nur zu erleben wünschen? Die bloße Möglichkeit der räumlichen Getrenntheit oder „Größe" hat aufgehört und das kleinste Atom ist ebenso groß oder klein — wie immer wir es nennen wollen — wie das mächtigste Sonnensystem. Wir mögen in unserem Weltbild zahllose verschiedene Geschöpfe sehen, alle räumlich getrennt und entfernt von uns, in der Welt des Wirklichen aber erleben wir sie alle gleichzeitig in uns selbst. So können dort Gruppen von Menschen, Bewegungen, Völker und Rassen, ja die ganze Menschheit als Wirklichkeiten erlebt werden, die nicht mehr Gruppen von verschiedenen Geschöpfen sind, die durch ihre Zusammenfügung eine Einheit bilden, sondern die eine Einheit *sind*, ein Wesen, das in sich all die Mannigfaltigkeit der verschiedenen Geschöpfe trägt. Doch ist es unmöglich, all dies in einer verständlichen Sprache auszudrücken, denn es gibt keine Worte, die in der Welt des Wirklichen bestehende Einheit von Dingen zu beschreiben, die in unserem Weltbild stets einander entgegengesetzt und anscheinend unvereinbar sind.

GIBT ES EINE GÖTTLICHE GERECHTIGKEIT?

Nunmehr müssen wir die Probleme des freien Willens und der Bestimmung sowie das der göttlichen Gerechtigkeit erörtern und mit dem letzteren will ich beginnen. Unsere theosophische Lehre vom Karma vermag, so gut sie auch die ursächliche Verknüpfung der aufeinanderfolgenden Leben auf Erden erklärt, dennoch die göttliche Gerechtigkeit für das Individuum ebenso wenig endgültig zu beweisen wie die orthodoxe Lehre, die jede menschliche Seele als in die ihr besondere Zusammensetzung der Umstände neu erschaffen ansieht. Wenn die gesamte zukünftige Evolution einer Seele je nach der Art der Individualisierung aus dem Tierreich den Stempel „gut" oder „böse" erhält, wobei doch das arme Tier sicher nichts daran ändern kann, auf welche Weise es sich individualisiert, so wird hierdurch das Problem der göttlichen Gerechtigkeit eben nur um einige Millionen Jahre zurückgeschoben. Das soll nun in keiner Weise der Größe der Karmalehre Abbruch tun, sondern zeigt nur, dass wir sie nicht als die endgültige Lösung des Problems der Gerechtigkeit für das Individuum bezeichnen dürfen, wenn dieses Problem in sich falsch ist.

Wenn wir versuchen, das Problem der göttlichen Gerechtigkeit für das Individuum in der Welt des Wirklichen zu erwägen, so wird das ganze Problem absurd. Das gesonderte Individuum, für das wir Gerechtigkeit in unserem Leben fordern, ist ja bloß ein Produkt unseres Weltbildes und wie können wir göttliche Gerechtigkeit für ein gesondertes Individuum verlangen, wenn es in Wirklichkeit ein solches Geschöpf gar nicht gibt? In der Welt des Wirklichen erleben wir die Gesamtheit aller menschlichen Erfahrungen im Ganzen als zu einem großen Wesen und nicht als zu vielen gesonderten Kreaturen gehörig, wir triumphieren in dem Leben dieses einen Wesens und sind nicht im geringsten von dem berührt, das dem zustößt, was wir in unserem Weltbilde das „gesonderte Individuum" nennen. Wieder einmal ist das ganze Problem bedeutungslos geworden und an seine Stelle tritt die glanzvolle Wirklichkeit von etwas, das weit mehr ist als das, was wir hier unten Liebe nennen: eine Einheit, in der wir mehr tun, als unseren Bruder lieben, in der wir dieser Bruder *sind*, in der wir nicht mehr in erhabener Selbstaufopferung erklären, leiden zu wollen, damit er glücklich sei, sondern in der sein Glück und unser Leiden und die Erfahrungen all der zahllosen Millionen Geschöpfe von *einem* großen Wesen erlebt werden, zu dem wir in einer wunderbaren Weise werden, wenn wir diese Welt betreten.

FREIER WILLE UND BESTIMMUNG.

Schließlich müssen wir noch das Problem des freien Willens und der Bestimmung erwähnen. Wenn wir die Welt des Wirklichen betreten, gibt es nicht mehr den Willen eines gesonderten Einzelwesens, sondern nur mehr den Willen des einen allumfassenden Seins. Die Offenbarung dieses Willens in der sogenannten „äußeren Welt" mag uns zwar als etwas erscheinen, das uns von außen her zustößt, in der Welt des Wirklichen aber wissen wir, dass dies alles die Manifestation des einen Willens ist, der im unbedingtesten und gänzlichen Sinne unser eigener Wille ist. Freiheit ist das Fehlen jeglicher Beschränkung; wie kann es aber noch irgendeine Beschränkung unseres Willens geben, wenn er *der* Wille ist, außer dem es nichts gibt und von dem alles, was ist, bestimmt wird? So sind in der Welt des Wirklichen Bestimmung und freier Wille ein und dasselbe.

Die Tatsache, dass alles, was jemals geschehen kann,

in dem dynamischen Weltall Gottes des Heiligen Geistes schon gegenwärtig ist, bewirkt aber nicht im geringsten die Empfindung eines kalten unbarmherzigen Fatums, das, jeden Widerstand brechend, sein Ziel verwirklicht. Wir begreifen im Gegenteil, dass die ganze Zukunft und alles, was uns zustoßen kann, schon jetzt in unserem eigenen Wesen existiert und dass dessen Erscheinen in unserem Weltbild in jener Aufeinanderfolge, die wir die Zeit nennen, nur das Offenbarwerden dessen ist, was schon in uns selber ist. Wiederum begehen wir hier einen Irrtum, wenn wir versuchen, ein Kompromiss zwischen Willensfreiheit und Bestimmung herzustellen, indem wir etwa sagen, dass wir ein wenig unfrei und ein wenig frei sind. Im Erlebnisse des Wirklichen wissen wir, dass was immer uns „von außen her" zustoßen kann, nichts anderes als der Ausdruck unseres eigenen Willens ist und dass in unserem Selbst, wie es in der Welt des Wirklichen existiert, alles, was je geschehen kann, schon jetzt enthalten ist.

So könnten wir fortfahren und zeigen, wie anders uns die Probleme unseres Weltbildes in der Welt des Wirklichen erscheinen; diese wenigen Beispiele aber werden genügen, um darzulegen, wie die falschen Probleme, die aus der großen Illusion unseres Weltbildes entstehen, in der Welt der Wirklichkeit hinweggeschwemmt werden von dem, was wirklich ist.

DIE FREUDEN
DES GÖTTLICHEN INTELLEKTES.

Keine strahlendere Freude gibt es, als dieses Erleben der Welt der Wirklichkeit. Das Gefühl allesumfassender Freiheit, der unbegrenzten Ausdehnung in einem Bewusstsein, das die Wirklichkeit all dessen ist, was wir das Weltall nennen, das Gefühl, alles in sich zu enthalten, was lebt, ist eine so unbeschreiblich hohe Seligkeit, dass uns, wenn wir sie auch nur einmal erlebt haben, nie wieder jemals etwas erschüttern kann. Das ist die Größe der Theosophie oder göttlichen Erfahrung, dass sie das unmittelbare innere Erlebnis der Wirklichkeiten des göttlichen Intellektes ist und dass keine Theorien, keine intellektuellen Gaukelkünste, kein Zynismus und keine Skepsis dieses Erleben auch nur im geringsten je wieder beeinträchtigen können. Theosophie ist das Erleben der ewigen, dauernden Wirklichkeit; sie ist das Erleben des göttlichen Intellektes, das Erleben der Welt Gottes des Heiligen Geistes.

Neuntes Kapitel.

DIE FUNKTION DES HÖHEREN INTELLEKTES.

Es gibt nur wenige Menschen, die ihr eigenes Bewusstsein kennen. Obwohl man erwarten sollte, dass die Welt unseres Bewusstseins, unseres eigenen Intellektes, uns vertrauter und bekannter wäre als die Welt um uns, so zeigt doch die Wirklichkeit, dass das Gegenteil davon zutrifft. Unsere Aufmerksamkeit ist so sehr nach außen auf unser eigenes Weltbild gerichtet, dass wir uns kaum davon Rechenschaft geben, dass in uns eine Welt des Bewusstseins besteht, die viel realer ist als das Bild, in dem wir uns verlieren. Es ist nun eben einmal die Gewohnheit des Menschen, dass er zuerst das bemerkt, was in weitester Ferne liegt, und erst am Ende das näher Liegende und Offensichtliche entdeckt. So ist er zuerst beeindruckt von den Wundern des Himmels über ihm und erst ganz zuletzt von den Wundern seines eigenen Geistes, und wenn die Astronomie die erste der Wissenschaften ist, so ist die Psychologie die letzte. Denn erst in der jüngsten Zeit kam es dazu, dass die Wissenschaft in der sogenannten „Neuen Psychologie" das Wirken und die Funktion jenes weiteren Bewusstseins zu erforschen begann, das für die große Mehrheit der Menschen noch eine vollkommen unbekannte Welt ist.

Wenn diese Wissenschaft sich weiter entwickelt, so wird zweifellos einer ihrer wichtigsten Zweige derjenige sein, der sich mit der Arbeit unseres Geistes sowohl in Bezug auf unseren Verstand, unser mentales Werkzeug, als auch und noch viel mehr in Bezug auf unseren Intellekt selbst beschäftigt. Als Ergebnis dessen wird sich zweifellos ein neuer Weg der mentalen Entfaltung zeigen und mit dieser Möglichkeit wollen wir uns nun näher beschäftigen.

Vor allem aber müssen wir eine Analyse unserer mentalen Funktionen vornehmen und nicht nur die Beziehung zwischen Verstand und höherem Intellekt, sondern auch ein wenig die Wirkungsweise beider erforschen.

WIE WIR DENKEN.

Was geht vor, wenn wir denken? Das Denken scheint doch eine Tätigkeit zu sein, mit der wir uns alle zumindest während eines Teils des Tages beschäftigen; stets haben wir hier und dort über ein Problem nachzudenken oder uns zu entscheiden, ob wir eine Sache tun sollen oder nicht. Wenn wir aber gefragt werden, was wir denn eigentlich tun, wenn wir über ein Problem nachdenken, wird es uns doch sehr schwer fallen, eine befriedigende Antwort zu finden. Wir haben zwar die verschwommene Vorstellung, dass etwas in unserem Innern vorgeht, und wenn wir einen anderen beim Nachdenken beobachten, sehen wir auch, dass er die Stirn in Falten zieht und ein sehr ernstes Gesicht macht; das ist aber auch ungefähr alles, was wir über die Tätigkeit des Denkens wissen. Was in Wirklichkeit in uns vorgeht, das ist das Problem, und dies zu analysieren ist schon deshalb eine so schwere Aufgabe, weil wir in dem Augenblick, da wir beginnen, zu beobachten, wie wir denken, auch schon zu denken aufgehört haben. Entweder denken wir und achten nicht darauf, was dabei vorgeht, oder aber wir achten darauf und denken dann nicht. Die Schwierigkeit liegt darin, unser Bewusstsein so zu spalten, dass wir mit einem Teil denken und mit dem anderen beobachten können, was wir da tun. Es ist dies keine leicht erlernbare Sache; sind wir aber einmal fähig, es zu tun, so ist das Ergebnis sehr interessant, wenn auch für uns nicht immer schmeichelhaft.

WACHTRÄUMEN.

Als erste Tatsache entdecken wir, dass der größte Teil dessen, was wir denken nennen, gar keine so wichtige und ernste Arbeit ist, wie wir es uns selbst glauben machen, und dass es richtiger Wachträumen genannt werden sollte. Wir sehen uns beispielsweise in der Straßenbahn, auf einer Fähre oder in einem Zimmer „in Gedanken verloren" sitzen, wie wir es nennen: dann sind wir in Wirklichkeit wachträumend. Wenn wir beobachten, was wir unter solchen Umständen tun, so linden wir, dass wir im allgemeinen Bilder von uns in verschiedenen Situationen entwerfen und dann in diesen Bildern zu leben und zu handeln beginnen. Wir führen imaginäre Diskussionen mit den anderen „dramatis personis" in unserem kleinen Gemälde und verhalten uns ihnen gegenüber auf die verschiedenste Weise. Nun ist dies ja soweit ein ganz interessanter Vorgang, denn wir machen hierbei von der schöpferischen, bildschaffenden Fähigkeit in uns Gebrauch und erschaffen mit ihrer Hilfe eine vollkommene Situation, in der wir uns heldenhaft oder feige benehmen, wie gerade unser momentaner Gemütszustand beschaffen ist. Dann wachen wir plötzlich mit einem Ruck auf und finden uns in einer Straßenbahn sitzend oder bei der Lektüre eines Buches, woran wir die ganze Zeit vergessen hatten. Fragt man uns aber, was wir da eben taten, so sagen wir, wir dachten nach, und doch wäre es der Wahrheit gemäßer zu sagen, wir haben geträumt. Wir dürfen dieses Wachträumen jedoch nicht unterschätzen, weil in ihm die dahinfließenden Wünsche unseres täglichen Lebens durch die schöpferische Kraft unserer Imagination belebt und lebendige Gedankenformen in uns hervorgerufen werden, die sich früher oder später in unserem täglichen Leben auswirken werden. Durch die Beschaffenheit unseres Wachträumens bestimmen wir in weitestem Maße, was wir werden sollen, und dies ist der Grund, weshalb wir lernen sollten, diese Kraft zu beherrschen und sie für das Bessere statt für das Schlechtere zu gebrauchen. Aber „denken" können wir dies kaum nennen.

EIN PROBLEM DURCHDENKEN.

Wir wollen nun einen anderen Gedankenvorgang analysieren, beispielsweise die Lösung eines wissenschaftlichen Problems oder eines Problems unseres Alltagslebens. Wie gehen wir nun daran? Zuerst betrachten wir das Problem und stellen es mental, meistens in Worten vor uns auf, die aber natürlich nicht physisch, sondern sozusagen nur in Gedanken ausgesprochen werden. Dabei würden wir, wenn wir sie näher betrachten, finden, dass sie nur zum Teil ausgesprochen werden und eigentlich bloß Bruchteile von Sätzen bilden. Wir setzen recht viel voraus in unseren innerlichen Selbstgesprächen! Haben wir so das Problem formuliert, dann fassen wir einen bestimmten Aspekt ins Auge und „konzentrieren" uns auf ihn, wie wir dies nennen, was in Wirklichkeit besagt, dass wir für Augenblicke alle anderen Gegenstände aus unserem Denken verbannen. Dann beobachten wir die Reaktionen und Assoziationen, die es in unserem Bewusstsein hervorruft und, wenn es sich um ein wissenschaftliches Problem handelt, ob diese ein Licht auf den fraglichen Gegenstand werfen, — und so arbeiten wir unser Problem Schritt für Schritt aus. Sehr oft kommt die Lösung nicht sofort und wir müssen das Problem für den Augenblick auf sich beruhen lassen. Die innere Tätigkeit, die wir so in Gang gebracht haben, hört aber nicht gänzlich auf; das Problem gärt sozusagen leise weiter, selbst wenn wir uns dessen nicht bewusst sind, und je nach der Intensität, mit der wir es formuliert haben, aber auch je nach der Intensität unseres Wunsches nach einer Lösung kann eine entsprechende Tätigkeit in unserem höheren Intellekt geweckt werden — und dann, sehr oft Monate und selbst Jahre später und in der Regel, wenn wir gar nicht daran denken, wissen wir auf einmal die Lösung: die Sache ist uns im Geist gegenwärtig.

DER BLITZ DER INTUITION.

Wenn unser Verstand ruhig und nicht auf etwas Bestimmtes konzentriert ist, wenn wir im Bad sitzen oder vielleicht unser Frühstück einnehmen, dann kommt es vor, dass der höhere Intellekt, unser wahrer Intellekt, Gelegenheit hat, sich über irgendein Ding vernehmbar zu machen. Wir sagen dann, dass uns irgendeine Lösung, nach der wir lange gesucht hatten, plötzlich eingefallen ist, und so verhält es sich auch wirklich; nur nicht, wie wir oft glauben, kraft unseres Verstandes. Vielmehr ist es das intuitive Wissen unseres höheren Intellektes, das seinen erhellenden Blitz in die Arbeit des Verstandes sandte. Manchmal geschieht dies, während wir über das Problem grübeln, viel häufiger aber, wenn unser Verstand ganz ruht. So kommt es oft zu den größten wissenschaftlichen Entdeckungen und philosophischen Schlüssen, wenn der Verstand selbst völlig entspannt ist. Die Wasserfläche unseres konkreten Verstandes muss vollkommen glatt sein, wenn sich in ihr etwas spiegeln soll, was unseres höheren Intellektes ist.

NEWTON UND DER FALLENDE APFEL.

Beweise hierfür finden wir in Hülle und Fülle, wenn wir uns in das Studium der Geschichte der großen Erfindungen und Entdeckungen vertiefen. So ist es nicht wahrscheinlich, dass Newton in dem Augenblick, als er den Apfel fallen sah, seine Gedanken gerade auf das Problem konzentriert gehalten hat, dessen Lösung er herbeiwünschte; seit vielen Jahren hatte er über dieses Problem nachgedacht und der Fall des Apfels war nur der Anlass dazu, dass das innere Wissen in seinem Wachbewusstsein aufblitzen konnte. Sein höherer Intellekt erschaute die Tatsache der Gravitation, die so vom Verstande, dem Werkzeuge des Denkens, empfangen wurde. Auf die gleiche Weise soll Einstein einzelne Elemente seiner Relativitätstheorie entdeckt haben, als er einen Mann mit einem Klavier von dem obersten Stockwerk eines Hauses hinunterfallen sah. Wahrscheinlich dachte Einstein nicht eben an sein Relativitätsproblem, als das Seil nachgab und Mann und Klavier hinabsausten; gewiss aber schuf dies, falls die Geschichte wahr ist, eine Gelegenheit, dass sein wahrer Intellekt etwas von seiner Erkenntnis in seinem Verstand und durch diesen offenbaren konnte. Wir könnten diese Beispiele unendlich vervielfältigen — ich erinnere nur noch an die Erzählung von Archimedes im Bad —, um darzutun, dass die Wahrheit in allen Fällen im Bereich des höheren Intellektes geschaut oder erlebt und der Verstand, das konkrete Denken, nur als Instrument gebraucht wurde, um die innere Vision zu interpretieren.

RICHTIGE THEORIE BEI FALSCHER BEWEISFÜHRUNG.

Mir selbst ist ein Fall bekannt, wo ein Gelehrter von

europäischem Ruf eine Theorie aufstellte, die sich als richtig erwies, die er aber in seiner Publikation von Argumenten ableitete, die selbst sich später als unrichtig herausstellten. Auf die Frage, wie dies denn möglich sei, gab er die bezeichnende Antwort: „Nun, dass die Sache richtig sei, wusste ich; aber ich musste sie doch auch irgendwie beweisen!"

Der Beweis oder die logische Argumentation ist nur das technische Mittel, durch das unser konkreter Verstand uns die Wahrheiten des höheren Intellektes verdaulich macht; sie ist aber nicht, wie so oft angenommen wird, die Methode, durch welche die Wahrheit gefunden oder auch nur bewiesen werden kann. So begegnen wir oft einem gewichtigen philosophischen Werk, in dem der Verfasser nach vielen hundert Seiten der Beweisführung schließlich mit der Wahrheit herausrückt, wie ein Taschenspieler, der sie schon die ganze Zeit unter seiner Kappe verborgen gehalten hatte. Er hatte die Vision dieser Wahrheit erschaut, die Tatsache aber, dass er schon weiß, was er uns erst beweisen will, verbirgt er sorgfältig vor uns, und wenn am Ende der Vogel aus dem Hut hervorgezaubert wird, blickt er mit gut gespielter Verwunderung auf dieses verblüffende Resultat. Es wäre gewiss eine erkleckliche Vereinfachung des Lebens, wenn jeder, der ein Buch schreibt, damit begänne, in ganz einfachen Worten zu sagen, was er von der Wahrheit geschaut oder was er entdeckt hat, wovon er wisse, dass es wahr ist, und dann, wenn er sich dazu gedrängt fühlt, Beweise und Argumente herbeizubringen, um seine Schlüsse verständlicher zu machen. Logische und verstandesmäßige Argumentation ist lediglich ein technisches Hilfsmittel, das an und für sich völlig unproduktiv ist und mit dem man alles und nichts beweisen kann. So ist es auch bei philosophischen Diskussionen ein Leichtes, zwei einander diametral entgegengesetzte Seiten einundderselben Frage vorzunehmen und zu „beweisen", dass beide richtig sind. Im Bereich der exakten Wissenschaft ist ja eine solche Selbsttäuschung nicht so leicht möglich, da wir die Fakten unserer Umwelt als Prüfsteine unserer Folgerungen heranziehen können. Doch finden wir auch hier nur allzu oft eine Theorie als „vollkommen bewiesen", die dann von der nächsten Entdeckung über den Haufen geworfen wird.

DER KONKRETE VERSTAND ALS WERKZEUG.

Der konkrete Verstand ist eben nur ein Instrument für den höheren Intellekt und nichts mehr; solange wir uns dieser Einschränkung bewusst bleiben, leistet er uns auch prächtige und nützliche Dienste. Dieser Vergleich des Verstandes mit einem Instrument ist in der Tat sehr gut und aufschlussreich; ein Werkzeug, ein Instrument ist niemals an sich produktiv, kein Musikinstrument kann jemals auch nur einen Ton aus sich hervorbringen, wenn es nicht von einem Künstler benützt wird. Wenn aber andererseits der Künstler kein Instrument zur Hand hat oder das ihm zur Verfügung stehende nicht gut ist, kann er auch nichts oder nur Unvollkommenes hervorbringen. Wenn also unser intellektuelles Instrument unzulänglich ist, wenn es zu wenig entwickelt oder „unterernährt" ist (braucht doch der Verstand ebenso Nahrung wie der physische Körper!), so können wir selbst die größten innerlichen Erlebnisse hier unten nicht zum Ausdruck bringen. So sind eben beide notwendig: das produktive, schöpferische Element ist der höhere innere Intellekt, seine Schauung der Wahrheit ist der einzige Weg zur Erkenntnis, aber von der Feinheit und Empfindlichkeit unseres Verstand-Instrumentes hängt es ab, inwieweit wir die geistigen Wahrheiten des höheren Intellektes den anderen verständlich machen können.

NOTWENDIGKEIT EINER UNTERSCHEIDUNG ZWISCHEN VERSTAND UND HÖHEREM INTELLEKT.

Mehr als irgendwo anders ist es in der Theosophie notwendig, dass wir höheren Intellekt und Verstand scharf voneinander unterscheiden und niemals versuchen, den Verstand als ein Mittel der Erkenntnis von Dingen zu gebrauchen, die dem Bereich des höheren Intellektes angehören. Ziehen wir, wie dies manchmal geschieht, Dinge des höheren Intellektes auf das Niveau des konkreten Verstandes herab, so ist das Resultat eine Verzerrung der Wahrheit, mag es sich uns auch als ein schönes und vollkommen geschlossenes logisches System präsentieren. Vor allem dürfen wir niemals die Arbeit des Verstandes als Ersatz für die Anschauung des Intellektes hinnehmen, sonst nähren wir uns von Unwirklichkeiten. Wollen wir wahrhaft theosophische Arbeiter sein, die imstande sind, lebendige Lehre und nicht Steine statt Brot zu geben, dann müssen wir den Unterschied zwischen konkretem Verstand und höherem Intellekt erfassen und in immer steigendem Maße heimisch werden in der Welt des wahren geistigen Intellektes, die die Welt Gottes des Heiligen Geistes ist.

IST DER MENTALE TYPUS UNGEISTIG?

Oft wird der mentale Typus von Leuten, die zwischen konkretem Verstand und höherem Intellekt nicht zu unterscheiden wissen, als „unspirituell" hingestellt. Nun ist es ja richtig, dass eine rein verstandesmäßige Entwicklung mehr Gefahren als Vorteile in sich birgt und dass ein vorherrschend „intellektueller" Mensch, der seinen höheren Intellekt nicht entwickelt hat, zumeist jeder Intuition ermangelt und häufig emotionell ganz unfruchtbar ist. Doch ist andererseits die Entwicklung eines guten Verstand-Instrumentes notwendig, wenn wir je hoffen wollen, zu einem Verständnis der höheren Dinge zu gelangen. Es ist sehr leicht, sich zu brüsten, dass man frei ist von den Fehlern der „Intellektuellen", wenn man den eigenen Verstand nicht entwickelt hat; wo es aber keine Schwierigkeiten zu überwinden gibt, kann man auch nicht stolz darauf sein, sie überwunden zu haben. Wer ein feuriges oder ungezähmtes Ross besteigt, wird zweifellos sehr unliebsame Erfahrungen machen und oft ein trauriges Schauspiel abgeben; wer sich aber rittlings auf einen Stuhl setzt und sich etwas auf die Sanftheit seines Pferdes zugute hält, macht sich noch viel lächerlicher. So hilft es nichts, den Verstand herabzusetzen: wir müssen ihn entwickeln und dann überwinden lernen. „Der Verstand ist der Schlächter des Wirklichen" und es wird uns gesagt, dass wir diesen Schlächter erschlagen müssen. Vor allem aber muss doch etwas zum Erschlagen da sein!

WENN DER VERSTAND DIE ROLLE
DES HÖHEREN INTELLEKTES SPIELT.

Was uns vor allem nottut, ist, dass wir zwischen den Ergebnissen des Verstandes, die ohne wirklichen Wert sind, und den Äußerungen des höheren Intellektes unterscheiden, die von außerordentlichem Wert sind. Doch fällt es dem ungeschulten Denker oft schwer, diesen Unterschied zu machen. Der Verstand wird uns in seiner schlauen Art Gedanken, Lehren und Systeme darbieten, die, wie ein Zusammenlegspiel, tadellos passen und doch nur den Wert eines Zeitvertreibes haben.

Der höhere Intellekt wird oft um Dinge wissen, die, vom Verstande übersetzt, sich für den Ungeschulten auf den ersten Blick nicht von den Arbeitsergebnissen des Verstandes unterscheiden. So finden wir oft keinen Unterschied zwischen dem Verstand — dem Instrument — und dem höheren Intellekt — dem Künstler, der auf dem Instrumente spielt. Der Erfolg ist der, dass wir in vielen unserer Diskussionen einerseits mentale Arbeit unterschiedslos als „bloß intellektuell" diskreditieren, andererseits oft ganze Ladungen von wertlosem Tand des niederen Verstandes schlucken, die sich als Ergebnisse des höheren Intellektes ausgeben. Wir müssen eben lernen, zwischen den beiden zu unterscheiden, wenn wir die Welt des Geistes betreten wollen, um dort die Wahrheit zu erfassen.

DAS VERLANGEN NACH ERKENNTNIS.

Wir alle verlangen danach, zu Erkenntnissen über die wirklichen und höheren Dinge aus erster Quelle zu gelangen. Aber oft ist dieses Verlangen nur ein leiser Wunsch; viele hätten ja nichts dagegen, mehr Erkenntnisse zu besitzen, und würden sich sehr darüber freuen, sich plötzlich in deren Besitz zu befinden, sie mögen sogar in gelindem Maße danach verlangen, aber sie sehnen sich nicht wirklich danach. Nur wenn die Sehnsucht nach Wahrheit unser ganzes Sein so beherrscht, dass wir empfinden, wir könnten nicht länger leben, wenn wir sie nicht erlangen, nur dann können wir finden, was wir suchen.

Es gibt eine alte Geschichte von einem Manne, der nach Erkenntnis verlangte und zu einem indischen Yogi mit der Frage kam, welche Bedingungen er erfüllen müsse, um sein Schüler werden zu können. Der Yogi nahm den Suchenden zu einem kleinen See nahe seiner Behausung, forderte ihn auf, mit ihm ins Wasser zu steigen, und hielt ihn dann einige Augenblicke unter Wasser. Als der Jünger halb erstickt und nach Luft schnappend wieder heraufkam, fragte ihn der Yogi, wonach er am meisten verlangt habe, während er sich unter dem Wasser befand. „Ei, nach Luft!", antwortete der Jünger. „Nun", erwiderte der Yogi, „wenn Du einmal so heiß und leidenschaftlich die Wahrheit begehrst, wie Du unter Wasser nach Luft verlangtest, dann sollst Du sie finden." — Aber nur sehr wenige Menschen gibt es, die so heiß nach Wahrheit verlangen. Die meisten würden gerne mehr wissen, sind aber nicht wirklich unglücklich über ihren Mangel an Wissen. Solange aber unsere Einstellung so beschaffen ist, werden wir niemals Erkenntnis aus erster Hand erlangen, werden wir nie die Welt des höheren Intellektes betreten. Die erste Bedingung hierzu ist eben glühendes Verlangen nach Wahrheit.

DIE SCHULUNG DES VERSTANDES.

Die zweite Bedingung ist ein klares Verständnis der Beziehung von Verstand zu höherem Intellekt, des Instrumentes zu der darin wirkenden Kraft. Unsere Aufgabe ist somit eine zweifache. Einerseits müssen wir durch Konzentration und Meditation das Verstand-Instrument zur Ruhe bringen, damit es zum fügsamen Diener des höheren Intellektes werde. Andererseits müssen wir durch Studium und Lektüre das Verstand-Instrument mit Material und Werkzeugen ausrüsten, mit deren Hilfe der Denker seinen intellektuellen Bau errichten kann, sodass er die Schauung zu verkörpern vermag, die ihm in der Welt des Intellektes geworden war.

Aber bei allem Studium und Lesen müssen wir uns stets vor Augen halten, dass keine Lektüre, wie umfangreich sie auch sei, kein Studium, wie eingehend es auch sein mag, mehr leisten können, als unseren Verstand mit dem notwendigen Material auszurüsten, um ihn zu einem guten und brauchbaren Instrumente zu gestalten, dass aber alles wahre Wissen und Erkennen nur vom höheren Intellekt her kommt.

In der Welt des Wirklichen existieren alle großen Gedanken, philosophischen Schulen und Kunstströmungen als lebendige Wirklichkeiten, ja, man kann sagen, als lebendige Wesen. Dort bestehen Platons Ideenlehre, der Genius der mittelalterlichen Baukunst, die Sozialphilosophie eines Ruskin, die erhabenen Inspirationen Shelleys und Goethes in ihrer wahren und lebendigen Essenz. Und wenn wir diese Welt des Wirklichen betreten, so können wir da diese innerlichen Dinge unmittelbar erleben und so unendlich mehr Erkenntnisse über das betreffende Problem erwerben, als uns bloße Lektüre jemals zu geben imstande ist.

LIEBE UND ERKENNTNIS.

Eine gewisse Möglichkeit, mit der lebendigen Wirklichkeit der Gedanken eines Autors, der Inspiration eines Künstlers, in Berührung zu kommen, ist in der intensiven Liebe für diesen Autor oder Künstler gelegen, — in einer Liebe, die so groß ist, dass sie uns in jener Welt des Wirklichen mit ihm vereinigt und so unser Bewusstsein mit der lebendigen Inspiration verbindet, deren bloß zeitliche Offenbarungen seine Bücher oder Kunstwerke sind. So bin ich manchmal Schulkindern begegnet, die in ihrer großen Liebe für irgendeinen besonderen Schriftsteller, ohne noch sehr viel in seinen Werken gelesen zu haben, zu einem wahreren und besseren Verständnis seiner Werke gelangt sind, als Gelehrte, die gerade hinsichtlich dieses Schriftstellers als Autoritäten galten, die alle seine Werke gelesen und vielleicht dickleibige Kommentare über sie geschrieben hatten und denen der innere Sinn dennoch verborgen geblieben war, weil ihnen die Liebe für den Autor oder den Gegenstand fehlte. Es liegt eine tiefe Wahrheit darin, dass wir diese innerste Verbindung, die uns mit dem Leben und den Gedanken des Verfassers verknüpft, nicht erlangen können, wenn wir ein Buch nicht mit einer geradezu persönlichen Hingabe geliebt haben, wenn uns sein Verfasser während der Lektüre nicht zum vertrauten Freunde und Kameraden geworden war, wenn wir nicht mit dem Buch gelebt und geschlafen und es als unseren teuersten Besitz geschätzt haben.

Ein bloß leidenschaftsloses und kritisches Studium irgendeines Gegenstandes oder Autors wird niemals mehr vermögen, als uns ein gewisses Buchwissen, ein bloßes Erfassen einer Anzahl von Tatsachen zu vermitteln; es mag uns vielleicht befähigen, den Autor möglichst häufig zu zitieren, niemals aber kann es uns die lebendige Erkenntnis der Botschaft bescheren, die er zu bringen versucht.

EIN NEUER WEG ZUR ERKENNTNIS.

Der rascheste und sicherste Weg zu wirklicher Erkenntnis und höherer Kultur liegt so in der Erweckung des höheren Intellektes in uns, in der Berührung mit dem Heiligen Geist in der Welt des Wirklichen und im Erleben der lebendigen Wirklichkeiten, die dort das darstellen, was wir hier unten Gedankenrichtungen, Bewegungen verschiedenster Art, Geschichts- und Kulturperioden und all das nennen, was wir zu erkennen verlangen. Selbstverständlich bleibt das äußere Studium stets notwendig, denn dieses allein kann uns mit dem Material versehen, aus dem dann der innere Denker ein Behältnis, ein Tabernakel für die Schaumig erbauen kann, die ihm in der Welt der Wirklichkeit zuteil wird. Aber nur der höhere Intellekt, der Denker selbst, ist der große Baumeister; seine Vision, sein Erlebnis, seine Inspiration, die sind es, welche die Bausteine, die der konkrete Verstand herbeischaffte, aus einer chaotischen, sinnlosen Masse zu einem edlen, mächtigen Gebäude aufbauen.

So sehen wir hier wieder, was zu Beginn dieses Abschnittes gesagt wurde: es ist notwendig, unseren eigenen Verstand zu begreifen, notwendig, die Funktion, die Begrenztheit und den Nutzen unseres konkreten Verstandes zu erkennen; aber noch notwendiger ist es, unseren höheren Intellekt in der Welt der göttlichen Wirklichkeit, der er angehört, zu erkennen und durch ihn diese Welt des Heiligen Geistes, die Welt der lebendigen Wahrheit zu betreten, ohne die alles verstandesmäßige Erkennen nur Staub ist.

Wiederum können wir die ungeheure Bedeutung verstehen, die Gott der Heilige Geist für unser Leben hat. Denn nur in seiner Welt, der Welt des göttlichen Intellektes, können wir die lebendige Wahrheit erleben, nur in diesem unermesslichen Lichtmeer haben wir Anteil an allem, was wahr, gut und schön ist in Kunst und Wissen aller Zeiten; nur dort können wir die unmittelbare Erkenntnis aus erster Hand gewinnen, — nicht auf die mühselige Weise, bloße Tatsachen anzuhäufen, sondern auf dem unmittelbaren Wege der Berührung mit jenem Leben, dessen äußere Manifestation diese Tatsachen bloß sind.

Kraft dieser unmittelbaren inneren Schauung können wir erkennen, dass unser ganzes Weltbild mit all seinen Millionen scheinbar gesonderten Formen, Dingen und Wesen durch die eine lebendige Wirklichkeit zusammengehalten und erhellt wird, die es ja nur äußerlich darstellt.

Wir sehen und begreifen dann das Viele aus dem Einen, wir erschauen das Wirkliche hinter dem Unwirklichen — wir haben die Welt Gottes des Heiligen Geistes betreten.

Zehntes Kapitel.

INSPIRATION.

Die Berührung mit der Kraft Gottes des Heiligen Geistes: das ist die Inspiration. Der Heilige Geist bedeutet ja in Wirklichkeit den heiligen oder geheiligten Atem, den Atem Gottes, den Atem der Schöpfung, durch den alle Dinge ins Dasein treten. Wenn nun dieser göttliche Atem des schöpferischen Feuers den Menschen berührt, wird er augenblicklich zu schöpferischer Tätigkeit entflammt, er wird je nach seinem Strahl, seiner besonderen Veranlagung oder seinem Temperament irgendwie „inspiriert". Für den Künstler bedeutet so die Inspiration die Schauung des Schönen, die ihn sein Kunstwerk schaffen lässt; für den Philosophen ist sie die Vision der Wahrheit, die Erleuchtung des Verstandes, in der er die Dinge-an-sich erschaut und die ihn befähigt, die Menschheit einen Schritt weiter der Entdeckung der Wahrheit entgegenzuführen. Im wissenschaftlichen Forscher wird sich der Anhauch der Inspiration in jenem Blitz der Intuition offenbaren, die ihn das Naturgesetz schauen und die verborgene Kraft entdecken lässt, auf die ihn sein Experiment und die Untersuchung der Erfahrungstatsachen hinwiesen. Der inspirierte Philanthrop wird die Vision einer besseren, edleren Menschheit erschauen und so die schöpferische Kraft gewinnen, eine große Reform ins Leben zu rufen, die das Los der Menschheit verbessert. Im Lehrer wird der Hauch des Heiligen Geistes die begeisterte Rede, jenen Anflug lebendigen Feuers bewirken, der das gesprochene Wort zu einer erschütternden und bewegenden Kraft macht, die durch nichts anderes vermittelt werden kann. Die höchste Offenbarung des Heiligen Geistes im Menschen ist aber vielleicht die des Propheten, der in seiner Vision der Zukunft das Licht des Ewigen in der Welt der Menschheit scheinen lässt.

Zahlreich sind wahrlich die Manifestationen der Inspiration, aber ihrem Wesen nach ist sie immer ein und dieselbe: sie ist jener Hauch der Schöpferkraft des Heiligen Geistes, der den Menschen mehr als Mensch sein lässt, der ihn zum Gott macht. Alles, womit ein so inspirierter Mensch in Berührung kommt, wird in etwas Höheres, Besseres verwandelt; mit einem solchen Menschen sprechen, heißt, von einer Kraft durchströmt werden, die uns mit sich fortreißt und in uns eine ähnliche Begeisterung entfacht.

DER WERT DER INSPIRATION.

Dieser „Kuss der Muse" ist etwas durchaus Reales. Durch ihn wird der Mensch für einen Augenblick zum Tempel des lebendigen Gottes in ihm und durch ihn kann das Leben, das der Welt der Wirklichkeit angehört, unsere Finsternis erleuchten. Inspiration verwandelt die Wüste des stofflichen Lebens in einen wundervollen Garten dadurch, dass sie die Wasser lebendiger Wahrheit und Schönheit in sie einströmen lässt. Das Leben in dieser Welt wäre nicht lebenswert, gäbe es nicht jene „Träumer", die die Vision des Wahren und Schönen erschauen und imstande sind, sie uns zum Besten der Menschheit auf verschiedene Weise zu vermitteln. Sie sind es, welche die Menschheit auf ihrer langen Pilgerfahrt vorwärts und aufwärts treiben, und sie sind es, durch die uns die Kraft, auszuharren, die Fähigkeit, Opfer zu bringen, und die Macht, zu schaffen, zuteilwird.

DIE INSPIRATION IN DER MODERNEN SEELENLEHRE.

Es ist sehr merkwürdig, dass das Thema der Inspiration in der modernen Psychologie so sehr vernachlässigt wurde. Die Psychologie setzt sich zum Ziel, eine Theorie, eine Wissenschaft von dem Wirken unserer verschiedenen geistigen und seelischen Funktionen und von den verschiedenen Bewusstseinszuständen zu sein, die wir durchleben. Nun sind doch wohl unter allen diesen der Bewusstseinszustand, in dem wir mit der Welt des Wirklichen in Berührung kommen, und jenes Vermögen der Inspiration, durch das uns diese innere Berührung göttlich-schöpferisch werden lässt, die bedeutendsten. Es unterliegt auch keinem Zweifel, dass schon in der nächsten Zukunft das ganze Gebiet des schöpferischen Intellekts und der Inspiration, der Begeisterung und des Idealismus einen breiteren Raum in der psychologischen Forschung einnehmen wird, als dies bisher geschehen ist, und dass die Ergebnisse eines solchen Studiums für unser Leben sicherlich sehr große und bedeutsame sein werden.

DER VORGANG DER INSPIRATION.

Ich habe bereits an anderer Stelle auseinandergesetzt, wie in der Welt des höheren Intellektes die Dinge nicht in der schnittähnlichen Erscheinung bestehen, die wir in unserem Weltbilde hier unten „das Ding, wie es in einem gegebenen Augenblick existiert", nennen. Die Gegenwart hat, wie wir gesehen haben, weder Ausdehnung noch Wirklichkeit; das einzig wirkliche Ding ist das Wesen in der Welt des Realen, das all das in sich einschließt, was wir seine Vergangenheit und Zukunft nennen. Wenn wir nun bei der Berührung mit dieser Welt des Wirklichen mit irgendeinem Ding oder irgendeiner Bewegung in Kontakt kommen, dann genießen wir nicht nur die Vision seiner Zukunft, da ja diese Zukunft in dem Dinge-an-sich schon gegenwärtig ist, sondern gelangen auch unter die Einwirkung seiner schöpferischen Energie seines dynamischen Aspektes, — die in unserem Weltbild die weitere Entwicklung des Dinges bewirkt. Diese Berührung mit einem Dinge in der Welt des Wirklichen ist es, was wir Inspiration nennen, und nun können wir auch verstehen, wieso wir im Zustande der Inspiration ein Ding nicht nur in seiner Vollendung oder künftigen Entfaltung schauen können, sondern durch diese schöpferische Energie auch angefeuert werden, es zu dem zu gestalten, was es sein soll.

Der Vorgang der Inspiration ist natürlich ein verschiedener, je nachdem es sich um einen Künstler, einen Philosophen, einen wissenschaftlichen Forscher oder einen Sozialreformer handelt. Der Künstler, der, versunken in die Betrachtung einer Landschaft und inspiriert durch die Vision ihrer Schönheit, ein großes Kunstwerk schafft, hat tatsächlich für einen Augenblick die Wirklichkeit dieser Landschaft erlebt, wie sie in der Welt des Realen besteht; er wird derart von der Schönheit dieser Wirklichkeit erfüllt und von der schöpferischen Kraft in ihr entflammt, dass er ein unsterbliches Kunstwerk zu vollbringen vermag, sei es nun eine große Dichtung, ein Gemälde, eine Komposition oder ein Werk der Baukunst.

Ich möchte hier darauf hinweisen, dass die Inspiration stets mit ihrer sofortigen, gleichsam elektrisierenden Wirkung Hand in Hand geht, die den Menschen zur Verwirklichung, zur Tat anfeuert. Und so wird im Augenblick der Inspiration der Dichter beginnen, seine Dichtung niederzuschreiben, der Maler darangehen, sein Gemälde zu entwerfen, der Sozialreformer beginnen, den Plan seiner Reform auszuarbeiten, oder der Philosoph, die von ihm erschaute Wahrheit in der Sprache des Verstandes zum Ausdruck zu bringen, alles andere vergessend, völlig im Banne der Inspiration.

DER EINZIGARTIGE CHARAKTER
DER KÜNSTLERISCHEN INSPIRATION.

Im Kunstwerk offenbart sich aber im Gegensatz zu anderen Inspirationstypen die Vision des Schönen nicht nur in Formen, Farben, Tönen oder Worten, sondern diese bilden in ihm einen lebendigen Organismus, durch den die Wirklichkeit, wie sie in der Welt des göttlichen Intellektes besteht, Ausdruck und Leben gewinnt, sodass man durch ein großes Kunstwerk jederzeit mit der lebendigen Wirklichkeit, die es inspiriert hat, in Berührung kommen kann. So öffnen die Werke der Kunst den Menschen die Pforte in die Welt des Wirklichen, durch sie vermag sich das Leben Gottes des Heiligen Geistes zu offenbaren. Deshalb ist auch die Kunst die köstlichste unter allen Formen der Inspiration und deshalb könnten auch die Menschen ohne sie nicht leben.

Etwas ganz anderes ist beispielsweise die Inspiration des Sozialreformers. Er wird mit dem ihn besonders interessierenden Bereich des sozialen Lebens in Berührung kommen, wie er sich in der Zukunft gestalten wird, und kraft dieser Vision und der schöpferischen Energie, die sie verleiht, vermag er dann seine Umwelt zu verwandeln.

Man darf nie vergessen, dass die Vision des Wirklichen nicht in einer gelassenen Betrachtung eines Bildes von außen her besteht, sondern dass wir in ihr eine lebendige Wirklichkeit berühren, die stets von jener belebenden, befeuernden Wirkung begleitet wird, durch die der wahrhaft inspirierte Mensch zu einer beinahe unwiderstehlichen Kraft im sozialen Leben wird. In der künstlerischen Inspiration aber liegt die größte aller Gaben beschlossen: die Verkörperung der Inspiration im Organismus des Kunstwerkes.

BEGEISTERUNG.

Mit der Inspiration nahe verwandt ist die Begeisterung. Wir müssen bis in die Tage des alten Griechenland zurückgehen, um in seiner Religion, die sich ja auf den Heiligen Geist in seinem Aspekt der Schönheit gründete, ein wahres Verständnis, eine wahre Ehrfurcht gegenüber der Idee der Begeisterung, des Enthusiasmus zu finden. Heutzutage nennt man einen Menschen oft schon dann einen Enthusiasten, wenn er ein gewisses lautes und geschäftiges Wesen an den Tag legt oder stets voll von Plänen ist, mögen sie nun ausführbar sein oder nicht, und stets eifrig bestrebt ist, uns an ihnen Anteil nehmen zu lassen; dann sagt man mit einem gutmütigen Lächeln: „Was ist er doch für ein Enthusiast!". In Griechenland aber bedeutete enthusiasmiert oder be-„geist"-ert sein etwas ungeheuer Großes; die Priesterinnen des Orakels zu Delphi erfüllte, wenn sie begeistert wurde, die Kraft des Gottes Apollo. Begeistert werden war gleichbedeutend mit „von Gott erfüllt werden".

Während nun die Inspiration die Berührung mit der Wirklichkeit in der Welt der Gottheit ist, kann man die Begeisterung in ihrer wahren Bedeutung beinahe als einen Herabstieg der Gottheit in den Menschen ansehen. Der begeisterte Mensch wird so für einen Augenblick Gott und als solcher wurde er auch in Griechenland verehrt, wo die Begeisterung als der Gipfel, als die Vollendung des religi-

ösen Lebens galt. Aber selbst in jener Kultur gab es nur
wenige Menschen, die der Begeisterung wirklich fähig
waren, denn es bedarf eines ganz bestimmten Typus, diesen Einstrom des göttlichen Lebens zu ermöglichen. Die
Begeisterung aber war das eigentliche Herz der wunderbaren Kultur der Griechen, und solange wir nicht zu einigem
Verständnis dessen gelangt sind, was die Begeisterung ihrem Wesen nach ist, können wir auch die übrigen Offenbarungen des griechischen Genius niemals ganz erfassen.

IDEALISMUS.

Inspiration und Begeisterung stehen wieder in engster
Beziehung zu dem, was man Idealismus nennt. Kein anderes Wort ist wohl mehr missbraucht worden als dieses,
obwohl sein wahrer Sinn wohl ebenso wenig begriffen
wird wie jener der Begeisterung oder der Inspiration.
Wenn man von einem Menschen sagt, dass er „Ideale hat",
so werden mit diesem Ausdruck die allerverschiedensten
Dinge benannt. Sein Ideal mag darin bestehen, viel Geld
zu verdienen, eine hervorragende Stellung im gesellschaftlichen Leben zu erringen oder auch nur den Sieg über seinen Konkurrenten im geschäftlichen Leben davonzutra-
gen. Das alles aber sind keine Ideale, sondern einfach persönliche Pläne, Entwürfe und Wünsche von oft mehr als
zweifelhafter Beschaffenheit. Ferner kann man Ideale
nicht „haben", niemals hat irgendjemand in der Welt ein
Ideal „gehabt". Man kann einen Stuhl, einen Tisch oder
eine Katze oder ein Pferd „haben", aber niemals ein Ideal.
Eher verhält es sich umgekehrt: das Ideal hat uns!

Wenn wir in der Welt des Realen mit der Idee eines
Dinges in Berührung kommen, dann mag seine Größe und
schöpferische Kraft so von uns Besitz ergreifen, dass wir
einfach nicht anders können, als uns dem Dienst dieses

Ideals zu weihen und ihm alles, was wir sind und haben, zu opfern. Es ist größer als wir, seine Berührung bedeutet Inspiration und wir sind bereit, dafür Opfer zu bringen, weil es eben größer ist als wir und weil wir von ihm besessen werden, — niemals aber können wir es besitzen. Wenn wir sehen, wie in großen Bewegungen sozialer Reform oder nationaler Befreiung die Menschen ihren guten Ruf, ihren Besitz, ja ihr Leben für ihr Ideal freudig hingeben, wird uns ein wenig die Kraft des Idealismus klar. Ein Idealist bedeutet nicht allein, die Welt des Wirklichen berührt zu haben, sondern sie zum Mittelpunkt seines Lebens und Wirkens zu machen; für den Idealisten ist die Welt des göttlichen Intellektes die einzige Wirklichkeit geworden, die er lebt, und sein ganzes Leben ordnet er dieser größeren Wirklichkeit unter und sieht es in ihrem Lichte. Denn der Idealist ist — mag er sich dessen nun bewusst sein oder nicht — in der Welt des Realen, in Platos Welt der Ideen, verankert und er sieht das, was wir unsere Welt nennen, bloß als das zeitliche Ergebnis dieser inneren Wirklichkeit an. So strahlt jeder Idealist die Kraft jener höheren, wirklichen Welt mit all ihrer Schönheit und Herrlichkeit in die Welt des äußeren Daseins aus und wird so zu einem wahren Lebensspender für die Menschheit.

Wir können nicht wirkliche Theosophen sein, ohne auch Idealisten zu sein. Das göttliche Erlebnis, das ja das Wesen der Theosophie ist, ist auch das eigentliche Wesen des Idealismus. Zuerst aber müssen wir das Wort „Idealist" von all den unglückseligen Vorstellungen der Unfähigkeit, Untüchtigkeit und des Tagträumens befreien, die damit verbunden werden. Es ist wahr: es gibt Idealisten, denen die Vision des Wirklichen zuteilwurde und die nun, in seine Schönheit versunken, den Kontakt mit der Welt des täglichen Lebens verlieren und zu unpraktischen Menschen, ja sogar zu einer Gefahr für die Gemeinschaft werden, in der sie leben. Andererseits begegnen wir wieder vielen Menschen, die zwar dieses äußere Leben fest in Händen halten und sich in ihm praktisch und tüchtig erweisen, denen aber die Vision fehlt, die sie zu schöpferischen Menschen machen würde. Sie gleichen Blinden, die zwar die Kraft haben, sich zu bewegen, aber nicht sehen können, wohin sie gehen sollen. Der unpraktische Idealist wieder ist der Mensch, der zwar die Vision geschaut hat, der aber unfähig ist, in dieser Welt zu wirken, und im Hinblick der Zwecke und Notwendigkeiten dieser Welt gelähmt ist. Der wahre Idealist aber hat sowohl die Vision wie die Fähigkeit des praktischen Wirkens; er lebt zwar mit seinem Haupte im Himmel, steht aber mit beiden Füßen fest auf der Erde. Nur so kann er seinen Mitmenschen dazu verhelfen, die Welt zu erschauen und zu begreifen, die er in seinem Inneren erlebt hat, nur so vermag er eine schöpferisch wirkende Kraft in ihrem Leben zu werden.

Inspiration, Begeisterung und Idealismus sind vielleicht die edelsten Gaben des Heiligen Geistes. Denn sie können die Menschheit allmählich dazu bringen, etwas mehr von den Wundern jener Welt des göttlichen Intellektes, der allein wirklichen Welt, zu erfassen. Wenn in der nächsten Zukunft die Offenbarung des Heiligen Geistes stärker hervortreten und in ihrer Auswirkung größere Anerkennung finden wird, dann können wir viel mehr Inspiration, Begeisterung und Idealismus erwarten, als sie uns in der Gegenwart begegnen. Unser ganzes Leben wird dann durch den inspirierenden, belebenden und schöpferischen Einfluss Gottes des Heiligen Geistes verwandelt werden, der ja der wahre Lebensodem für die ringende Menschheit ist. Dann wird der Heilige Geist wieder wirklich und wahrhaft angebetet werden, dann werden die Gaben des Heiligen Geistes sich wieder im Menschen offenbaren und dann wird die Welt wieder erkennen, dass der

Heilige Geist eine große, glanzvolle Wirklichkeit ist und dass wir Seinem Wirken die kostbarsten Dinge des Lebens verdanken.

DRITTER TEIL.

DER MAHACHOHAN, DER VERTRETER DES HEILIGEN GEISTES.

Elftes Kapitel.

DER PARAKLET UND
DER MAHACHOHAN.

In der frühchristlichen Kirche wurde der Heilige Geist nicht so sehr in seinem Aspekt als schöpferische Tätigkeit der Gottheit angeschaut, sondern vielmehr als der Paraklet oder Helfer angebetet.

Diese Vorstellung von dem Heiligen Geist als dem Parakleten stützt sich auf eine Manifestation der dritten Person, der man sich leichter nähern kann als ihren anderen Offenbarungen, und führt, richtig begriffen, zu sehr interessanten Schlussfolgerungen.

Das Wort „Paraklet" wird im Neuen Testament nicht allein für den Heiligen Geist gebraucht. In seiner I. Epistel (II, 1) schreibt der Apostel Johannes an seine Schüler: „Und ob jemand sündiget, so haben wir einen Fürsprecher (Paraklet) bei dem Vater, Jesum Christ, der gerecht ist 1'. Das hier mit „Fürsprecher" übersetzte Wort ist das griechische „Parakletos", das Partizipium passivi des Verbums „parakaleo", das „herbeirufen" oder „zu Hilfe rufen" bedeutet. Das Wort „Parakletos" hat so dieselbe Ableitung und Bedeutung wie das lateinische „advocatus" oder Anwalt. Auch „advocare" bedeutet anrufen, zu Hilfe rufen und ursprünglich war auch der Anwalt derjenige, den man rief, wenn man des Beistandes bedurfte. Aus dieser Bedeutung des Wortes entsteht dann eine weitere, die nicht mehr den bezeichnet, den wir herbeirufen, sondern denjenigen, der, von uns herbeigerufen, uns hilft, für uns spricht und also in Wahrheit unser Mittler ist. So ist es auch die Funktion dieses Parakleten oder Helfers im Neuen Testament, diejenigen zu inspirieren, die ihn um Hilfe anrufen.

DER HEILIGE GEIST ALS PARAKLET.

Wir finden den Ausdruck „Paraklet" für den Heiligen Geist im Evangelium Johannis, Kap. XIV, XV und XVI angewendet. Es ist dies die Stelle, in der Christus seinen Jüngern sagte, dass er sie nun bald verlassen und zu seinem Vater gehen werde, und dann fortfährt: „Und ich will den Vater bitten und er soll euch einen anderen Tröster (Parakleten) geben, dass er bei euch bleibe ewiglich, den Geist der Wahrheit, welchen die Welt nicht empfangen kann, denn sie siehet ihn nicht und kennet ihn nicht; ihr aber kennet ihn, denn er bleibet bei euch und wird in euch sein." (Ev. Joh. XIV, 16—17). Das Wort „Paraklet" wurde hier fälschlich mit Tröster übersetzt, ohne dass ein gerechtfertigter Grund bestünde, ihm diese Bedeutung zu geben, da es doch, wie wir gesehen haben, „Helfer" oder möglicherweise auch „Mittler" bedeutet. Das interessante Moment bei dieser Stelle ist jedoch, dass Christus hier seinen Jüngern verspricht, dass ihnen, wenn er sie verlassen haben und dann nicht mehr als derjenige anwesend sein würde, den sie in der Stunde der Not herbeirufen können und der stets da ist, um sie zu lehren und ihnen zu helfen, — dass ihnen dann ein anderer Helfer zur Seite stehen wird, der Geist der Wahrheit, der in ihnen sein wird. Es sollte ihnen daher nach seinem Weggang die Inspiration für ihre Arbeit von innen zuteilwerden.

Ein wenig weiter (Ev. Joh. XIV, 26) sagte Er: „Aber der Tröster (Paraklet), welcher ist der Heilige Geist, den

mein Vater senden wird in meinem Namen, der-selbige
wird euch alles lehren und euch erinnern alles des, was ich
euch gesagt habe." Hier wird der Paraklet, der in der früher zitierten Stelle der Geist der Wahrheit genannt wird,
der im Menschen wohnt, mit dem Heiligen Geist identifiziert, mit dem, wie zu Beginn des Evangeliums Johannes
der Täufer prophezeit, Christus taufen wird, gleich wie
dieser selbst mit Wasser getauft hat. Hier also finden wir
den Grund für die Verehrung des Heiligen Geistes als des
Parakleten, den Christus seinen Jüngern verheißen und
hinterlassen hat.

Eine andere interessante Stelle, die das Kommen des
verheißenen Parakleten erwähnt, finden wir im Ev. Joh.
XVI, 7, wo Christus sagt: „Aber ich sage euch die Wahrheit: es ist euch gut, dass ich hingehe. Denn so ich nicht
hingehe, so kommt der Tröster (Paraklet) nicht zu euch; so
ich aber gehe, will ich ihn zu euch senden." In diesem
Ausspruch Christi kommt ganz klar zum Ausdruck, dass
der Heilige Geist nach dem Weggange des Herrn deshalb
zu den Jüngern kommen werde, um ihnen jene Inspiration
und Kraft von innen zu geben, deren sie nicht teilhaftig
werden konnten, solange Er unter ihnen weilte und sie
sich einzig auf Ihn verließen.

In dem gleichen Kap., Vers 13, sagt Christus einige interessante Dinge über die Arbeit des Parakleten: „Wenn
aber jener, der Geist der Wahrheit, kommen wird, der wird
euch in alle Wahrheit leiten: denn er wird nicht von ihm
selber reden, sondern was er hören wird, das wird er reden, und was zukünftig ist, das wird er verkündigen." Wir
haben bereits gesehen, dass eine der Gaben des Heiligen
Geistes das Wissen nicht nur um die vergangenen, sondern
auch um die zukünftigen Dinge ist. Und hier erwähnt
Christus unter all dem, was der kommende Paraklet für
Seine Jünger tun wird, dass „er sie in alle Wahrheit leiten

werde", — das will besagen, dass sie die lebendige Wahrheit in der Welt des göttlichen Intellektes erleben werden, — und dass er ihnen zeigen wird, „was zukünftig ist", — das heißt also, dass sie in der Welt des Heiligen Geistes der Vision der Dinge in ihrem wahren Sein, in ihrem vergangenen wie in ihrem künftigen teilhaftig werden.

Dies sind die Quellen aus dem Neuen Testament, auf die sich die Lehre vom Heiligen Geist als dem Parakleten gründet. Es war Christus der Herr selbst, der seine Jünger lehrte, diesen neuen Parakleten, den Geist der Wahrheit anzurufen. Und dies taten sie auch an jenem ersten Pfingsttage, da der Heilige Geist sich auf sie herabsenkte, da in ihnen die Vision der Wahrheit geboren ward und sich in ihnen die Gaben des Heiligen Geistes offenbarten, die sie bis dahin nur in ihrem Herrn und Lehrer erschaut hatten. Von diesem Augenblick an wurde der Heilige Geist zu einer wunderbaren Wirklichkeit im Leben der Jünger und dann der ganzen frühchristlichen Kirche.

Erst später begannen die Christen, die herrliche Möglichkeit, die ihnen durch Christus geworden war, außer Acht zu lassen: die Möglichkeit, den Heiligen Geist herbeizurufen, wann immer sie seines Beistandes bedurften, und nur weil ich hoffe, dadurch wieder zu einigem Verständnis für dieses unermessliche Vorrecht beizutragen, habe ich dieses Buch geschrieben.

DER ZWEITE LOGOS UND DER WELTLEHRER.

Die Vorstellung von dem Heiligen Geist als dem Parakleten ist eine viel leichter zugängliche und persönlichere Vorstellung von dem dritten großen Aspekt der Gottheit als die mehr abstrakte von der schöpferischen Tätigkeit Gottes, dem schöpferischen Feuer, durch das die ganze Welt besteht. Ähnliches gilt auch für die zweite

Person der Dreieinigkeit. Gott der Sohn, der kosmische CHRISTUS, würde den Christen in ihrem täglichen Leben auch nicht annähernd so viel bedeuten, wäre es nicht um seines großen Stellvertreters, Christus des Weltlehrers, willen.

Der Weltlehrer ist ein Wesen, das selbst eine Frucht der menschlichen Entwicklung ist, das aber, nachdem es das Maß des vollkommenen Menschen erreicht hatte und ein Mitglied der großen göttlichen Hierarchie geworden war, die die Welt regiert, innerhalb dieser Hierarchie das Amt des Weltlehrers innehat, kraft dessen er nicht nur der Stellvertreter des zweiten Logos wird, sondern in einer höchst wunderbaren Weise auch SEINE Verkörperung. Und so kann man in einem zutiefst wahren Sinne sagen, dass Christus eins ist mit dem zweiten Logos. Auf diesen hocherhabenen Seinsstufen ist Einheit eine so viel erstaunlichere Wirklichkeit, als sie es hier unten jemals sein kann, dass es uns natürlich sehr schwer fallen muss, zu verstehen, wie der Weltlehrer als Individuum einerseits das Ergebnis seiner vergangenen menschlichen Entwicklung und gleichzeitig eins sein kann mit dem zweiten Logos. Wenn wir aber an die Beziehung zwischen einem Meister und seinem angenommenen Schüler denken, so kann uns dies vielleicht zu einigem Verständnis verhelfen. Der Schüler repräsentiert nicht nur den Meister, sondern ist auch in einer wunderbaren Weise eins mit ihm, eins mit seinem Bewusstsein. Dies gilt auch auf einer unendlich höheren Stufe von der Beziehung zwischen dem Weltlehrer und dem zweiten Logos. Christus der Lehrer ist eins mit CHRISTUS, dem Sohn Gottes.

DER MANU UND DER MAHACHOHAN.

Eine solche Einheit besteht aber nicht nur hinsichtlich

der zweiten Person der Heiligen Dreieinigkeit. Ebenso wie der Weltlehrer ein hohes Amt in der großen Bruderschaft übermenschlicher Wesen einnimmt und ebenso wie durch ihn sich die Menschen dem kosmischen CHRISTUS, dem Sohn Gottes leichter nähern können, ebenso vertreten zwei andere Wesen in der großen Bruderschaft die erste und die dritte Person der Dreieinigkeit, mit denen sie in der gleichen Weise eins sind. Die große Wesenheit, die den ersten Logos verkörpert, kennen wir unter dem Namen des MANU, wie ihn die religions-philosophischen Werke der Inder nennen. Die christliche Lehre von Adam, dem ersten Menschen, als dem Vater der Rasse kommt dieser indischen Auffassung vom Manu sehr nahe, der stets in Wahrheit der Vater der menschlichen Rasse ist und als solcher Gott den Vater, den ersten Logos, verkörpert.

Die dritte Person der Dreieinigkeit endlich wird in der okkulten Hierarchie durch ein Wesen verkörpert, das ebenfalls eine Frucht der menschlichen Entwicklung und dennoch kraft seines Amtes nicht allein der Vertreter des Heiligen Geistes oder des dritten Logos auf Erden, sondern in Wahrheit eins mit ihm ist. Er ist uns unter seinem indischen Namen als der MAHACHOHAN, der GROSSE HERR, bekannt, und dieser Titel kommt ihm, dessen Händen die Kräfte der Schöpfung und der Zerstörung für unsere Erde anvertraut sind, mit vollem Rechte zu. In vielen Beziehungen entspricht auch die alt-christliche Vorstellung des Parakleten als Manifestation des Heiligen Geistes dieser Vorstellung vom Mahachohan, der ja der Heilige Geist für unsere Erde ist.

So können wir sagen, dass die Dreieinigkeit des Vaters, des Sohnes und des Heiligen Geistes sich auf unserer Erde in der Dreieinigkeit des Manus, des Vaters der Rasse, des Bodhisattvas oder Christus, des Weltlehrers, und des Mahachohans offenbart, der der Paraklet für unsere menschliche Entwicklung ist. Über dieser Dreieinigkeit großer Wesenheiten unserer Erde gibt es jedoch eine noch erhabenere, in welcher der KÖNIG DER WELT den Vater, der BUDDHA den Sohn und wiederum der MAHACHOHAN den Heiligen Geist vertritt. (Weitere Einzelheiten hierüber enthält das Werk Bischof C. W. Leadbeaters: „Die Meister und der Pfad", Kap. XIII. [1]) Worin immer auf Erden die Arbeit der drei Personen oder Aspekte der göttlichen Dreieinigkeit bestehen mag, sie wirkt sich stets durch diese IHRE Vertreter in der Hierarchie aus; diese sind sozusagen die ausführenden Organe der größeren Wesenheiten hinter ihnen und durch ihre Vermittlung vollzieht sich die Arbeit Gottes auf Erden. So ist dem Manu die Arbeit des Vaters, dem Bodhisattva die des Sohnes und dem Mahachohan jene des Heiligen Geistes anvertraut. Alle Kräfte, die von diesen Personen der Dreieinigkeit ausgehen, erreichen unsere Erde durch diese IHRE Vertreter in der Bruderschaft, gleichwie auch alle Kräfte und Gebete, die von der Erde zu den Personen der Dreieinigkeit aufsteigen, durch die eben erwähnten stellvertretenden Dreieinigkeiten auf Erden weitergeleitet werden.

Wir wollen nun versuchen, uns einigermaßen einen Begriff von dieser Arbeit des Dritten Aspektes, Gottes des Heiligen Geistes, und SEINES großen Vertreters, des Mahachohan, zu machen.

DIE ARBEIT DES MAHACHOHAN ALS LENKER DER KRÄFTE.

Im Allgemeinen kann gesagt werden, dass all das, was

---

1) In deutscher Übersetzung erschienen. (— Neuauflage Verlag Edition Geheimes Wissen, Graz.)   Anm. d. Übers.

wir in den vorangegangenen Abschnitten als die Arbeit des Heiligen Geistes erkannt haben, insoweit sie sich auf unsere Erde und die Entwicklung auf ihr bezieht, durch den Mahachohan und von ihm geleistet wird. Er ist der praktischen Wirkung nach der Heilige Geist für unsere Erde. Das große Werk der Erschaffung, das wir als die charakteristische Offenbarung des Heiligen Geistes erkannt haben, vollzieht sich durch den Mahachohan. Er ist es, der die ungeheuren Kräfte der kosmischen Schöpfer-Energie, die vom Heiligen Geist ausgehen, empfängt, beherrscht und lenkt. Dies ist nun bloß ein Teil seiner ganzen Arbeit; wenn wir aber auch nur einen schwachen Schimmer dieses Teiles erhaschen, stehen wir überwältigt vor der ungeheuren Verantwortung und der Größe der Aufgabe, die in ihm beschlossen liegt.

Wie groß und verantwortungsvoll auch irgendeine Arbeit auf Erden sein mag, sie schrumpft doch zu einem Nichts zusammen vor dem Wirken dieses höchsten Lenkers aller Kräfte, den wir den Mahachohan nennen. In seinen Händen ruht in Wahrheit das Kraft-Zentrum unserer Erde, dem alle schöpferischen Energien hier unten entspringen. — Ein Missgriff in der Kraftzentrale einer großen Fabrik, der eine falsche Verteilung der Kräfte bewirkt, vermag eine große Katastrophe zu verursachen oder zumindest die ganze Arbeit aufzuhalten. Jedoch in dieser großen Kraft-Station der Welt ist ein Missgriff unmöglich; die Hand dieses höchsten Kräftelenkers versagt nie. Hier würde ein Fehler Tod und Untergang für Millionen bedeuten und eine falsche Handhabung solch gewaltiger Kräfte eine Umwälzung in der ganzen Evolution, eine Weltkatastrophe bewirken. Jede einzelne Kraft muss genau dorthin, wo sie benötigt wird, und genau in der erforderlichen Menge geleitet werden und auch nur der geringste Bruchteil mehr oder weniger wäre von Unheil und gefährlich.

Wohl mögen wir uns vielleicht eine schwache Vorstellung von der heilige Scheu einflößenden Verantwortung, die in die Hände des Mahachohan gelegt ist, und von der Erhabenheit des Geistes machen können, der imstande ist, all dies zu beherrschen, zu beaufsichtigen und zu lenken; aber ein völlig unbegreifliches Mysterium muss es für uns bleiben, wie ein einzelnes Wesen, und mag es noch so erhaben sein, all die Millionen verschiedenen Formen schöpferischer Energie, die sich unaufhörlich in der Natur wie im Menschen auswirken, mit sicherer Hand zu lenken vermöchte. Und doch führt der Mahachohan, unterstützt von seinen schöpferischen Hierarchien, die oberste Aufsicht nicht nur über diese, sondern über noch viele andere Formen der göttlichen Tätigkeit.

DER MAHACHOHAN ALS
HERR DER EVOLUTION.

Denn wieder ist der Mahachohan auch der Herr der Evolution. Wir haben gesehen, dass alles, was wir hier unten in unserer Welt Wachstum, Wechsel oder Entwicklung nennen, nur unsere Wahrnehmung von der Welt des göttlichen Intellektes, der Welt Gottes des Heiligen Geistes ist, und als den Vertreter dieser Welt auf Erden haben wir den Mahachohan erkannt. Er ist es, der all das, was wir das Einsctzen evolutionärer Bewegungen nennen, kontrolliert, der alle neuen Ideen dynamischer Natur in die Welt setzt und den allgemeinen Lauf der menschlichen Zivilisation lenkt. Vor ihm liegt wahrlich die Zukunft wie ein offenes Buch, er weiß, was immer kommen soll und welcher besondere Teil irgendeines Evolutionszyklus zu einem gegebenen Zeitpunkt beendet werden muss. Er regelt vermittels der fünf „Strahlen", die unter seiner Leitung stehen und deren oberstes Haupt er ist, den Lauf der Kulturen und inspiriert die Veränderungen, die sich in diesen abspielen.

Doch ist der Mahachohan nicht nur der Herr aller schöpferischen Tätigkeit in Natur und Menschheit; in seine Obhut ist auch die Entwicklung des Individuums gelegt. Er beaufsichtigt all die verschiedenen Schritte, die der einzelne Mensch im Verlaufe seiner Entwicklung von der Individualisierung bis zur Adeptschaft macht; er verzeichnet die Fortschritte aller, die sich auf dem Pfade befinden. Heute, da der Weltlehrer sich wieder unter den Menschen bewegt, ist die Arbeit des Mahachohan, wie ja die der gesamten Bruderschaft, von größerer Bedeutung denn je zuvor und niemals haben sich deshalb all jenen, die danach streben, der Bruderschaft zu dienen, so große Gelegenheiten geboten. Über alle aber, die so strebend sich bemühen, das Ziel der Entwicklung zu erreichen, wacht das Auge des Mahachohans, und wenn wir sehen, wie ihm die geringsten Details jedes einzelnen Schülers bekannt sind, werden wir von ehrfürchtiger Bewunderung erfüllt vor dem, was uns als Allwissenheit erscheinen muss.

DER MAHACHOHAN ALS QUELLE DER ER-MUTIGUNG UND INSPIRATION.

In den vorangegangenen Abschnitten wurde dargelegt, wie alle schöpferische Bemühung, Inspiration und Begeisterung, aller Idealismus und alles Streben nach Läuterung von Gott dem Heiligen Geist angefeuert wird. Alles aber, was von Gott dem Heiligen Geist auf uns niederströmt, erreicht uns durch seinen Vertreter auf Erden, den Mahachohan. So werden wir begreifen, von welch ungeheurer Bedeutung sein Einfluss für unser Leben ist und wie er nicht nur der Herr der Naturentwicklung ist, sondern wie unsere höchsten und heiligsten Bestrebungen und Inspirationen von ihm gehegt und genährt werden. Der Blitz der Inspiration, der im Naturforscher nach langen Jahren mühsamer Experimente aufflammt und ihm das Gesetz oder die Theorie enthüllt, die er zu finden suchte, das Erleben einer großen Wahrheit, die dem Philosophen in der Stille seiner Kontemplation zuteilwird, die Vision der Schönheit, die der Künstler erschaut und in seinem Werke verkörpert, die Reinheit des Heiligen, die Kraft des Magiers oder Priesters, die heilige Begeisterung endlich des Reformers, — jede und alle sind Offenbarungen des Heiligen Geistes durch den Großen, den wir den Mahachohan nennen. *Er* ist in Wahrheit unser Paraklet, ihn können wir stets rufen, ohne fürchten zu müssen, dass unser Ruf ungehört verhallt! Wenn wir einmal erkannt haben, wie real das Wirken des Heiligen Geistes und seiner Verkörperung im Mahachohan ist, dann wissen wir, dass schon unsere kleinste Bemühung eine Antwort hervorruft, deren wir unseren Verdiensten nach eigentlich vollkommen unwürdig sind. So erfüllt uns, wenn wir an den Mahachohan denken, nicht nur aufrichtige Bewunderung für die schöpferische Arbeit, die er leistet, sondern auch tiefste Dankbarkeit für die zahllosen Segnungen, die wir von ihm empfangen, mögen wir auch ihre Quelle nicht kennen. Zahlreich und mannigfaltig sind die Gaben des Heiligen Geistes und ohne sie wäre unser Leben wüst und leer; sie alle aber empfangen wir aus den Händen des Mahachohans, des „Herrn und Lebensspenders" unserer Erde.

Welche Worte aber vermöchten diesen Geist zu schildern, der eins ist mit dem göttlichen Geist selbst, der in den höchsten Wirklichkeiten des göttlichen Denkens lebt, das die Welt der Wirklichkeit ist, dessen Bewusstsein Vergangenheit und Zukunft umspannt, in dessen Gewalt die schöpferischen Kräfte einer ganzen Welt gelegt sind? Nur wenn es in tiefster Meditation gelingt, mit jenem erhabenen Bewusstsein in Berührung zu kommen, vermag man einen Schimmer von der Größe der Wesenheit zu erhaschen, die der Mahachohan genannt wird.

DIE ÄUSSERE ERSCHEINUNG
DES MAHACHOHAN.

Es ist sehr schwer, die äußere Erscheinung des Mahachohan zu beschreiben.

Er benützt einen indischen Körper; heiter und leidenschaftslos, gedankentief und von asketisch veredeltem Aussehen gleicht er einem Brahmanen höchster Vollendung. Sein Gesicht ist schmal und bartlos, die Nase fein gebogen, der Mund von schweigender Entschlossenheit. Das Bezauberndste aber in diesem wundervollen Antlitz sind die Augen. In sie blicken, heißt die Welt schauen, aus ihnen spricht die Weisheit aller Zeitalter, das Wissen um eine uralte Vergangenheit und eine noch in weiter Ferne dunkelnde Zukunft. Wir fühlen, dass diese Augen mit einem Blicke unsere Vergangenheit und Zukunft erkennen und uns beurteilen, — nicht verurteilend, aber in höchstem, abgeklärtem Wissen um das, was ist. Seine Worte sind nicht Befehle, aber unwiderrufliche Verfügungen dessen, was zu geschehen hat. Seine ganze Erscheinung atmet zärtlichste Liebe, zugleich aber auch entschlossene Gelassenheit, die den göttlichen Entwicklungsplan verwirklicht und die göttlichen Beschlüsse ausführt, mögen sie nun für das Individuum Freude oder Leid bedeuten. Nur eine solch göttliche Liebe vermag auch zu zerstören, wenn es nottut, eben aus wahrer Liebe zu dem, was zerstört werden muss.

In der Gegenwart dieses großen Herrn der Schöpfung hat man in Wahrheit das Gefühl, als befände man sich im schöpferischen Mittelpunkte des Weltalls. In stillem

Schweigen stehen wir da, überwältigt von dem Erlebnis solch konzentrierter Kraft, solch allmächtiger Schöpfer-Energie; alle Kräfte und Energien, die wir auf Erden kennen, sie erscheinen uns wie Kinderspiel gegenüber dieser einen und einzigen schöpferischen Kraft der Welt. Aber mit dem Erlebnisse der Intensität dieser wahrhaft kosmischen Kraft geht Hand in Hand die Empfindung äußerster Beherrschtheit. Diese ruhige, heitergelassene Erscheinung beherrscht und leitet die Energien der Schöpfung, deren geringster eine Kraft zu erschaffen oder zu zerstören innewohnt, die alle unsere irdischen Vorstellungen übersteigt. Ein Blick aus seinen Augen genügt, zu beurteilen und zu erkennen und gleichzeitig die schöpferischen Kräfte zu lenken, die zur Erfüllung des göttlichen Zweckes notwendig sind.

Es liegt etwas in der Erscheinung des Mahachohan, das einen an den Meister den Prinzen [1]) erinnert, obgleich sich beide in ihrem physischen Aussehen sehr voneinander unterscheiden. Beide aber strahlen schöpferisches Feuer und schöpferische Energie aus; beide sind von einer ruhigen Gelassenheit, die doch erfüllt ist von schweigender Kraft. Bei ihrem Anblick drängt sich uns die Vorstellung beherrschter Weltkräfte auf, nur dass dieser Eindruck beim Mahachohan noch stärker ist. Seine Kraft ist stahlgleich biegsam und doch stark, seine Schönheit von völlig beherrschter Kraft, seine ganze Erscheinung strahlt unbezähmbare Energie und doch höchste Sanftmut aus. Aus seinen Augen blickt die Weisheit der Zeiten, die Gelassenheit eines, der alles weiß, der die Erde wie von einem Berggipfel aus überschaut, und doch trägt sein Antlitz und

---

1) Der Herr des siebenten Strahles. Sein Name rührt von seiner letzten Inkarnation als Fürst Rakoczy her. Vgl. auch Kap. XII, letzter Abschnitt.   (Anm. d. Übers.)

seine ganze Gestalt den Stempel der freudigsten Jugend, der strahlendsten Lebenskraft und eines unwiderstehlichen schöpferischen Feuers.

DIE SEGNUNGEN DES MAHACHOHAN.

Nur sehr wenige Gedanken oder Gefühle der Hingebung werden dem Mahachohan gewidmet. Viele gibt es, deren Liebe auf den großen Weltlehrer gerichtet ist, viele, die sich einen Begriff von dem Manu machen, dem großen Vater der Rasse; aber ganz klein ist die Anzahl derer, denen der Herr der fünf Strahlen, der Mahachohan, der höchste Lenker der schöpferischen Kräfte, überhaupt etwas bedeutet. Und doch begegnet schon unser kleinster Versuch, seine Größe besser zu begreifen, unsere bescheidenste Hingabe an seine große Arbeit, ja, schon unsere bloßen Gedanken der Liebe und Verehrung einer Antwort, die das Wenige, das wir bringen können, unendlich übersteigt. Denn in Wahrheit ist er es, der uns zu neuen Ideen begeistert und uns die Kraft verleiht, sie zu verwirklichen, der uns mit schöpferischer Energie begabt, der uns mit Begeisterung und Idealismus erfüllt und uns Kraft gibt, unsere niedere Natur zu läutern und zu transmutieren; und wenn wir mit diesem großen Bewusstsein in engere Berührung kommen, dann werden uns in Hülle und Fülle all die Gaben zuteil, die er als der Stellvertreter und die Verkörperung des Heiligen Geistes verleihen kann.

Es wäre überaus wichtig und segensreich, wenn mehr Liebe und Verehrung in der Welt theosophischen Denkens aufstiege zu dem Mahachohan, dem großen Vertreter der dritten Person auf unserer Erde. Denn gerade sein Aspekt, der Aspekt Gottes des Heiligen Geistes, wird schon in der nächsten Zukunft immer stärker in den Vordergrund treten und je mehr wir schon jetzt die Bedeutung und die Größe des Mahachohan begreifen, umso besser werden wir imstande sein, ihm in seiner großen Arbeit zu helfen, wenn die Zeit dazu gekommen sein wird.

Zwölftes Kapitel.

DER HERR DER FÜNF STRAHLEN.

Die Arbeit der drei großen Wesen, die in der Bruderschaft, welche unsere Welt regiert, die göttliche Dreieinigkeit darstellen, vollzieht sich längs einer oder der anderen der sieben Evolutionsreihen, die in der theosophischen Literatur die sieben Strahlen der Entwicklung genannt werden.

Aber nur wenig weiß man über diese sieben Strahlen. Alle erschaffenen Dinge gehören einem oder dem anderen dieser Strahlen an und entwickeln sich während ihrer ganzen Evolution längs einunddesselben Strahles. Es ist, als ob das Leben, da es aus der Gottheit hervorging, sich auf siebenfältige Weise manifestierte und jede dieser sieben Erscheinungsweisen in unserer Evolution zu einem der sieben Strahlen wurde. Für unsere Welt entsprechen sie den sieben Seinsebenen, auf denen sich die ganze Entwicklung in dieser Welt abspielt. So entspricht der erste Strahl der nirvanischen Ebene, der Welt des göttlichen Willens oder Atma in uns und wird gewöhnlich der Strahl des Königs oder Herrschers genannt. Alles, was unter diesen Strahl fällt, hat etwas mit diesem seinem Hauptmerkmal gemeinsam; im Bereich unserer Menschheitsentwicklung gehört alle Politik, Gesetzgebung und Organisation diesem Strahl an.

Der zweite Strahl steht mit der buddhischen Ebene, der intuitionellen Welt in Verbindung und ist der Strahl der göttlichen Liebe und des Verstehens, des Buddhi in uns. Er ist der Strahl des Priesters und Erziehers und alles, was in unserem Leben mit Religion oder Erziehung zusammenhängt, ordnet sich unter diesen großen Strahl ein. Gleichwie der erste Strahl, der Strahl des Atma oder des Willens, den ersten Logos, den Vater darstellt und daher jener Strahl ist, auf dem sich die Arbeit des Manu auswirkt, so repräsentiert der zweite Strahl den zweiten Logos, den Sohn, und auf ihm vollzieht sich das Werk des Weltlehrers, des Christus.

In ähnlicher Weise bringt der dritte Strahl den dritten Logos, den Heiligen Geist, zum Ausdruck und steht zur Welt des höheren Intellektes, des Manas in uns, in Beziehung. Er ist der Strahl des schöpferischen Denkens und auf ihm können wir mit jener Welt des göttlichen Intellektes in unmittelbare Berührung kommen, welche die Welt des Heiligen Geistes ist. Da der Vertreter des Heiligen Geistes auf Erden der Mahachohan ist, steht dieser dritte Strahl unter seiner Herrschaft und ist genauso, wie sich auf dem ersten und zweiten Strahle die Arbeit des Manu und des Bodhisattva vollzieht, für die besondere Arbeit des Mahachohan bezeichnend.

DER MAHACHOHAN ALS
DER HERR DER FÜNF STRAHLEN.

Doch besteht hier der Unterschied, dass die übrigen vier Strahlen ebenfalls unter der Leitung des Mahachohan stehen, sodass sich seine Arbeit nicht nur längs eines einzigen Strahles bewegt, sondern dass es hier fünf Strahlen sind, die alle seine schöpferische Arbeit zum Ausdruck bringen. Warum nun der Mahachohan Herr über fünf Strahlen ist und nicht, wie seine großen Brüder, das oberste Haupt eines einzigen Strahles, wird uns sofort klar wer-

den, sobald wir erkannt haben, in welcher Beziehung die
verschiedenen Strahlen zu den Welten stehen, in denen
sich unsere Entwicklung abspielt. Die drei Strahlen, die
wir soeben betrachtet haben, stellen im Menschen die göttliche Dreieinigkeit dar und entsprechen der dreifachen
Welt des Geistes; die übrigen vier dagegen stehen mit den
drei Welten der Illusion und, im Fall des vierten Strahles,
mit dem Mittelpunkt des Bewusstseins in Verbindung, in
dem sich die inneren mit den äußeren Welten berühren.
Diese Welten der Außenoffenbarung sind das Ergebnis der
göttlichen Schöpfertätigkeit, die im dritten Strahl zum
Ausdruck kommt. Deshalb ist es von der höheren Mentalwelt aus, mit der der dritte Strahl verknüpft ist, am
leichtesten möglich, die übrigen vier Welten zu erreichen,
denn sie sind gleichsam durch diese Welt des göttlichen
Intellektes in Erscheinung getreten, und so stehen auch die
vier mit jenen Welten verbundenen Strahlen in engster
Beziehung zum dritten Strahl. Dies ist der Grund, warum
unter der Leitung des Mahachohan fünf Entwicklungs-
strahlen stehen; der göttliche Intellekt ist ja die schöpferische Tätigkeit, durch welche die Welten ins Dasein treten.

Wir können uns so am besten einen Begriff vom Wirken des Mahachohan dadurch machen, dass wir die fünf
Strahlen erforschen, die unter seiner Herrschaft stehen;
denn durch diese fünf Strahlen geht seine schöpferische
Arbeit vor sich, wobei sie auf jedem Strahl je nach dem
Wesen dieses Strahles und der mit ihm verknüpften Welt
differenziert wird. Alle diese fünf Strahlen sind dadurch
gekennzeichnet, dass sich auf ihnen die schöpferische Tätigkeit des Heiligen Geistes vollzieht und dass durch sie
die schöpferische Energie allen Teilen des Weltalls zuge-
führt wird; doch geht dieses Schöpfungswerk auf jedem
Strahl in jener Welt vor sich, der dieser Strahl entspricht.
So ist die Arbeit des Mahachohan, des Leiters der Kräfte

für unsere Welt, auf jedem der fünf von ihm beherrschten Strahlen eine verschiedene und wir können nur dann zu einem tieferen Verständnis für diesen mächtigen Teil der Arbeit der Hierarchie gelangen, der dem Herrn der fünf Strahlen anvertraut ist, wenn wir das Werk, das sich auf diesen fünf Strahlen verwirklicht, als das eine große Werk des Heiligen Geistes in unserer Welt erkennen.

DAS WERK DES DRITTEN STRAHLES.

Der dritte Strahl ist in vieler Beziehung für die Arbeit des Heiligen Geistes und seines großen Vertreters, des Mahachohan ganz besonders bezeichnend. Der Heilige Geist manifestiert sich im Menschen als der Manas oder höhere Intellekt und so entspricht auch der dritte Strahl sowohl diesem Prinzip im Menschen als auch der höheren Mentalwelt, der Welt des schöpferischen Denkens, in der wir des göttlichen Intellektes in uns bewusst sind. Längs dieses dritten Strahles können wir uns der Welt des göttlichen Intellektes, der Welt der Wirklichkeit oder der Urtypen nähern und so ist auch das Wissen um diese Welt die Gabe des dritten Strahles. Er ist der Strahl der Metaphysik, der Wirklichkeit, die sich hinter jeder äußeren Tätigkeit verbirgt; er ist der Strahl der lebendigen Wahrheit, der Strahl, auf dem wir die Dinge-an-sich erleben, auf dem wir mit jener ewigen Wirklichkeit in Berührung kommen können, in der die ganze Entwicklung jedes Geschöpfes und jeder Bewegung von ihrem Anfang bis zu ihrem Ende erkannt wird. Ferner gelangen wir auf diesem Strahle zur Erkenntnis des zyklischen Gesetzes der Entwicklung, der Offenbarung des einen großen Rhythmus' der Schöpfung in den vielen kleineren und größeren Zyklen, die den „Yugas", der indischen Philosophie entsprechen. Die Wissenschaft, die dieses zyklische Gesetz in den Bewegungen der Himmelskörper verfolgt, die Wissenschaft der Astrologie, ist denn auch für den dritten Strahl bezeichnend; mit ihrer Hilfe können wir jene Einsicht erlangen, die uns zeigt, wie alle erschaffenen Dinge, selbst die allerkleinsten, Teile der großen Zyklen der schöpferischen Entwicklung sind, die sich uns als die Bewegungen der Himmelskörper offenbaren. Demgemäß setzt uns die Astrologie in Stand, die Zukunft auf Grund des Wissens um das zyklische Gesetz vorauszusagen, obwohl es eine Herabsetzung der wahren Astrologie bedeutet, wenn man sie, wie es so oft geschieht, zu einer bloßen Wahrsagerei macht.

Charakteristisch für den dritten Strahl ist auch die dynamische Weltanschauung, in der wir ein Ding niemals abgetrennt oder durch sich selbst bestehend, sondern stets als Teil eines Entwicklungsvorganges ansehen. So verstehen wir jede Einrichtung, Bewegung, Nation oder Rasse in ihrer Beziehung zur Vergangenheit, die sie hervorgebracht hat, und als Ursache der Zukunft, die sie hervorbringen wird. Diese Weltanschauung verhilft uns zu einem viel tieferen Verständnis für alles, womit wir uns beschäftigen, denn wir sehen alles nur in seiner Beziehung zu dem, wodurch es entstanden ist, und nicht als etwas kraft seiner selbst Bestehendes. So kommt uns auf dem dritten Strahl die Relativität aller Dinge zum Bewusstsein und dieser Erkenntnis entspringen die charakteristischen Tugenden des dritten Strahles: Toleranz und Takt.

RELATIVITÄT UND DHARMA.

Der Gesichtspunkt der Relativität ist bis jetzt noch ein sehr ungewohnter. Selbst in der wissenschaftlichen Literatur fällt uns immer wieder die Tatsache auf, dass Einrichtungen oder Bewegungen an sich und unabhängig von all dem, was sie hervorgebracht hat, erörtert und kritisiert werden. So diskutiert und beurteilt man beispielsweise in der Staatswissenschaft die Regierungsformen nach ihrem absoluten Wert, als ob es so etwas überhaupt gäbe, und nennt dann eine Form an sich besser als eine andere. Haben wir aber einmal den Gesichtspunkt des dritten Strahles gewonnen, so können wir sehen, dass jede Regierungsform nur das natürliche Ergebnis eines gewissen Geistestyps ist, den ein Volk in seiner Entwicklung gerade erreicht. Wenn daher eine Regierungsform den Punkt zum Ausdruck bringt, den ein Volk in seiner Entwicklung erreicht hat, dann ist sie die rechte, — zwar nicht an und für sich, aber für dieses besondere Volk zu diesem besonderen Zeitpunkt; daher kann dieselbe Form, die gestern noch richtig war, heute schon unrichtig sein. Es ist auch vollkommen unwissenschaftlich, gewisse Formen an sich richtig und andere an sich falsch zu nennen, weil so die große Wahrheit der Relativität gänzlich außer Acht gelassen wird.

Diese Wahrheit ist in der Religionsphilosophie der Inder als die Lehre vom *Dharma* bekannt, ein Wort, das manchmal mit Pflicht, dann wieder mit Gesetz oder Wahrheit, oder selbst mit Religion übersetzt wurde. All diesen anscheinend voneinander abweichenden Ausdrücken liegt aber eine große, wesenhafte Bedeutung zugrunde — die der Angemessenheit oder des harmonischen Ausdruckes. Das Dharma eines Volkes zu einem bestimmten Zeitpunkt ist daher jene Regierungsform und soziale Organisation, die dem Leben dieses Volkes angemessen ist; ebenso besteht das Dharma eines einzelnen Menschen in dem harmonischen Ausdruck, den dieser Mensch in einer Lebensordnung finden kann, die seinem Typus und seiner Entwicklungsstufe entspricht. Wollte man daher behaupten, dass *eine* Lebensregel oder *ein* Dharma jemals für die ganze Welt das richtige sei, so bedeutete dies, die große

Wahrheit von der Ungleichartigkeit der Menschen und weiterhin die Beziehung des Dharmas jedes einzelnen Menschen zu seinem Typus und seiner Entwicklungsstufe zu ignorieren. Wiederum kann Dharma auch Wahrheit, das Wissen um die wahren und lebendigen Wechselbeziehungen der Dinge-an-sich bedeuten und so lehrt uns der Begriff des Dharma auch hier wieder, die Dinge in ihren wahren Beziehungen zueinander zu sehen. Das Ergebnis einer solchen Betrachtungsweise aber ist Toleranz.

TOLERANZ UND TAKT.

Der intolerante Mensch sieht alle Dinge nur von seinem Standpunkt an und verurteilt alles, was von ihm abweicht. Der tolerante Mensch dagegen begreift die Relativität aller Dinge und kann so erkennen, dass der Standpunkt eines jeden Menschen für diesen ebenso richtig ist wie sein eigener für ihn selbst. So führt die Einstellung des dritten Strahles, die die Dinge in ihren wahren Beziehungen zueinander sieht, zur Toleranz; denn haben wir auch nur mit einem flüchtigen Blick erschaut, wie in der Welt des göttlichen Intellektes alle Dinge miteinander verknüpft sind, können wir nie wieder untolerant sein. So vermögen wir, wenn wir auch selbst Idealisten sind und auf einem spirituellen Standpunkt stehen, kraft der Einsicht in die Relativität aller Dinge zu verstehen, dass die materialistische Einstellung für einen bestimmten Typus und eine bestimmte Entwicklungsstufe dieselbe Berechtigung hat wie der idealistische Standpunkt für uns. Wir mögen es zwar für notwendig finden, uns der materialistischen Anschauung in der Zivilisation, der wir angehören, zu widersetzen, aber selbst dabei werden wir wissen und begreifen, warum ihr manche Menschen huldigen.

Der tolerante Mensch ist so auch der taktvolle Mensch. Nur wenn wir jenen Ausblick gewonnen haben, durch den wir alle Dinge in ihren wahren Beziehungen zueinander ansehen und verstehen, können wir auch jedem Menschen auf seinem eigenen Pfade begegnen, und das nennt man Takt. Takt bedeutet buchstäblich „Berührung"; und diese seelische Berührung können wir durch die eben geschilderte tolerante Einstellung zur Welt gewinnen. Wenn der wirklich taktvolle Mensch jemand begegnet, dem er etwas erklären will, so wird er vor allem versuchen, die Lebensauffassung dieses Menschen und seinen augenblicklichen Gemütszustand zu verstehen, und sich dann bemühen, seine Erklärungen diesem anzugleichen. Wenn wir daher einem Materialisten das Wesen des Idealismus begreiflich machen wollen, werden wir nicht damit beginnen, den Materialismus als das Ergebnis von Unwissenheit und geistiger Blindheit hinzustellen und so den Betreffenden zu bekämpfen, sondern wir werden ihm zu zeigen versuchen, dass sein eigener materialistischer Standpunkt im Lichte der modernen Theorien über das Wesen der Materie von selbst zum Idealismus führt. Die Eigenschaft des Taktes, das Ergebnis jener Einstellung, die dem dritten Strahl entspricht, befähigt den Menschen, im Augenblick jede Situation oder Atmosphäre zu erfassen, in die er sich plötzlich versetzt sieht; und weil er diese Situation von innen her empfindet, wird er auch das Richtige sprechen und tun können. „Rechtes Wort zur rechten Zeit und rechtes Ding am rechten Ort": hierin offenbart sich jene Tugend des Taktes, die den dritten Strahl kennzeichnet.

DAS HAUPT DES DRITTEN STRAHLES.

An der Spitze des dritten Strahles steht der große Chohan, den man den „Venezianischen Meister" nennt. Zwar weiß man nur wenig von ihm, doch ist seine Arbeit für unser Leben von der allergrößten Bedeutung. Denn als Haupt des dritten Strahles lenkt er die schöpferische Energie auf der Ebene des höheren Intellektes und ihm ist die große Arbeit des schöpferischen Denkens anvertraut, das die Entwicklung in unserer Welt regiert. Sein ist die Wissenschaft, die sich auf das große zyklische Gesetz der Entwicklung gründet, in der die Millionen verschiedenen Evolutionszyklen wie Räder in einem ungeheuren Mechanismus ineinander greifen, Sein ist die Magie der Astrologie, Sein die Weisheit, die aus der Schauung der Dinge-an-sich fließt, und Sein die Kraft der Prophetie, die die Schleier von der Zukunft wegreißt! Sein Strahl ist es, auf dem wir jene Vision erlangen, in der wir eine ganze Bewegung oder eine Gruppe von Menschen als ein einziges lebendiges Wesen erleben und in der wir ganze Perioden der Geschichte oder der Entwicklung als lebendige Wirklichkeiten erkennen, die Vergangenheit und Zukunft in sich einschließen.

Auf seiner erhabenen Stufe beeinflusst der Venezianische Meister alle kulturellen Bewegungen, wie sie in der Welt des göttlichen Intellektes bestehen. Er lässt in sie die schöpferische Energie einfließen, die ihm über den Mahachohan zuströmt, und überwacht und beherrscht so die Entstehung und Entwicklung dieser Bewegungen in den verschiedenen Abschnitten der Evolution. So lenkt er den Lauf von Kultur und Zivilisation von der Stufe aus, auf der er wirkt, der Welt des göttlichen Intellektes.

Wenn in der nächsten Zukunft der Heilige Geist stärker in dieser Welt hervortreten wird, werden wir wahrscheinlich auch mehr über diesen großen Chohan und seine Arbeit wissen als heute. Aber auch schon heute durchdringt sein mächtiger Einfluss unser gesamtes kulturelles Leben, mögen wir auch dessen unbewusst sein.

DER STRAHL DER
SCHÖNHEIT UND HARMONIE.

Der nächste Strahl, der unter die Herrschaft des Mahachohan fällt, der vierte, ist der Strahl der Kunst, der
Schönheit und Harmonie. Er bezeichnet jene Begegnung
der inneren und der äußeren Welt, die im Mittelpunkt unseres Bewusstseins vor sich geht. Dreifältig ist unsere
Welt der Illusion, das Welt-Bild, das wir in unser Bewusstsein projizieren, und wir nennen diese drei Welten
der Illusion die physische Welt, die Welt der Gemütserregungen und die Welt des konkreten Verstandes. Der vierte
Strahl entspricht nun dem Punkt, dem Zentrum, durch das
hindurch wir in die Welt des Wirklichen emportauchen,
wenn wir unser Bewusstsein von jenen Welten der Illusion
abwenden; er stellt so jene Brücke zwischen den inneren
und den äußeren Welten, die in der theosophischen Literatur zuweilen die „Antahkarana" genannt wird, das Zentrum des gesonderten Individuums dar, von dem aus wir
ebenso nach innen in die geistige Welt wie nach außen in
die Welt der Illusion gelangen können. So kann man sagen, dass der vierte Strahl nicht so sehr zu einer Da-
seinsebene oder -welt in Beziehung steht, als vielmehr die
Begegnung der inneren mit der äußeren Welt darstellt, den
Brennpunkt, durch den die innere Wirklichkeit sich in unser Weltbild projiziert.

In der Arbeit dieses Strahles, die darin besteht, die
schöpferische Tätigkeit, die Kraft des Heiligen Geistes,
aus den inneren in die äußeren Welten zu lenken, spielt
die Kunst eine ganz besonders wichtige Rolle. Denn ihre
besondere Funktion ist nicht darin beschlossen, Inspirationen in äußeren Gebilden zu verkörpern; dies leistet auch
der Philosoph oder soziale Reformer, der die im Innern
geschaute Vision in seinem Werk zum Ausdruck bringt.

Die Größe der Kunst liegt aber darin, dass sie die innere Schauung durch eine Kombination von Tönen, Farben oder durch welch anderes künstlerisches Medium immer derart verkörpert, dass diese Form oder Verkörperung zu einem lebendigen Organismus wird, in dem die innere Wirklichkeit leben und durch den sie sich offenbaren kann. Ein großes Kunstwerk ist so ein lebendiger, durch die innere Wirklichkeit beseelter Organismus, ein Stromweg, durch den das innere Leben sich zu offenbaren vermag und auf dem der Mensch sich jederzeit der inneren Welt, der Welt des Wirklichen nähern kann. Der Künstler allein ist fähig, in beiden Welten zu leben, in der inneren, deren Visionen er schaut und aus der er seine Inspirationen schöpft, und auch in der äußeren Welt, in der er sie in Formen verkörpert. Sein Leben schwingt so stets zwischen den inneren und äußeren Welten hin und her; und so begegnen wir im künstlerischen Temperament gar oft den Gegensätzen des inneren Jubels und der Verzückung und des vollkommenen Aufgehens in der äußeren Welt. Nur in den ganz großen Künstlern ist jene vollkommene Harmonie zwischen der inneren und der äußeren Welt erreicht, die das Ideal des Strahles darstellt.

In vielen Beziehungen ist der vierte Strahl ganz einzigartig. Nur auf diesem Strahl vollzieht sich die mystische Vereinigung von innerer Wirklichkeit und äußerer Offenbarung, von „Geist" und „Stoff", der das Bewusstsein entspringt. Gleichwie die Geburt des Horus die Wirkung der Vereinigung von Osiris und Isis ist, so ist es der unsterbliche Schößling aus der Vermählung zwischen den inneren und äußeren Welten. Er ist in Wahrheit der Strahl der Harmonie. Hier treffen Himmel und Erde einander und zeugen in ihrer Begegnung die unsterblichen Schöpfungen der Kunst. Er ist der Strahl der Schönheit; denn auf ihm allein erscheint das Wirkliche in der Welt des Unwirklichen; hier können die Lebenskräfte der inneren Welt sich in unser Dasein ergießen, das ohne sie eine unfruchtbare Wüste wäre. Die Kunst ist in Wahrheit die Erlösung der Rasse, denn sie nährt und erquickt die Menschheit mit den lebendigen Wassern der Schönheit.

Die Arbeit des großen Chohans dieses Strahles, der Wesenheit, die man den Meister Serapis nennt, besteht somit darin, die schöpferischen Kräfte aus den inneren Welten in die Welten der äußeren Offenbarung zu leiten, und nicht zuletzt wirkt sich diese Arbeit in der schöpferischen Tätigkeit des Künstlers aus.

DER STRAHL DER WISSENSCHAFT.

Die nun folgenden Strahlen stehen alle mit der Leitung und Überwachung der schöpferischen Energien in den drei Welten der Erscheinung, den Welten des konkreten Verstandes, der Gemütserregungen und der physischen Welt, in Verbindung. Die Arbeit des fünften Strahles besteht so in der Leitung und Beherrschung der schöpferischen Kräfte in der Welt des konkreten Verstandes und alles, was wir Wissenschaft nennen, fällt unter seinen Bereich. Die Wissenschaft hat die Aufgabe, nicht nur zur Erkenntnis der Gesetze zu gelangen, die die Welt regieren, sondern sich auch vermöge dieser Erkenntnis die Naturkräfte dienstbar zu machen. Während der Weg der Philosophie, der Arbeitsweise des höheren Intellektes entsprechend, von der Anschauung des Einen zu dessen Offenbarung in der Vielfalt führt, gelangt die Wissenschaft, die für den konkreten Verstand bezeichnend ist, dadurch zu ihren Schlussfolgerungen, dass sie die Vielfalt in der Welt der Erscheinungen beobachtet, die verschiedenen Phänomene allmählich unter einheitliche Gesichtspunkte einordnet und sie so unserem Verstande begreiflich macht.

Zwischen dem konkreten Verstand und dem höheren Intellekt besteht eine sehr enge Beziehung; der Verstand ist gleichsam der Widerschein oder die Offenbarung des höheren Intellektes in der Welt der Illusion und seine Methode ist so jener des höheren Intellektes genau entgegengesetzt. Wenn aber der Verstand stimuliert ist, kann es geschehen, dass der Blitz der Intuition ihn vom höheren Intellekt her erleuchtet und ihm die Lösung eines Problems oder die Vision einer neuen Theorie bringt, die dann den Beitrag des Forschers in der Welt des Wissens darstellt. Die Arbeitsmethode des wissenschaftlichen Forschers besteht in der vollkommen exakten Beobachtung vieler tausender, anscheinend gesonderter Tatsachen, indem er mit äußerster Geduld und Ausdauer eine Unzahl von Versuchen wiederholt, eine Arbeit, die sich oft auf viele Jahre erstreckt, und so das Material herbeischafft, aus dem er, sowie die innere Erkenntnis die äußeren Tatsachen in Zusammenhang bringt, seine Theorie aufbaut. Die charakteristische Eigenschaft dieses Strahles ist demnach Exaktheit; nur vermöge einer Genauigkeit der Beobachtung, die dem unbeteiligten Zuschauer geradezu unglaublich erscheint, gelangt die Wissenschaft zu ihren Triumphen.

Wenn hier von Wissenschaft die Rede ist, so darf man nie vergessen, dass dies nicht nur die Erforschung der physischen Welt, sondern die Erforschung der gesamten Welt der Phänomene, daher auch der Welt der Emotionen und des konkreten Verstandes bedeutet. Dass die Sinne, die man für die Beobachtung in jenen überphysischen Welten gebraucht, in den meisten Menschen noch nicht entfaltet sind, fällt hierbei nicht ins Gewicht; Methode und Arbeit sind dort wie hier dieselben: genaue Beobachtung und Sammlung einer Anzahl von Tatsachen, die das Material liefern, aus dem der Intellekt sein Gebäude errichten kann.

Die Arbeit des Chohan dieses Strahles, des Meisters Hilarion, der in seinem früheren Leben der Neuplatoniker Jamblichus war, besteht so zum Teil darin, die schöpferische Energie durch die Wissenschaft, durch die moderne ebenso wie durch jene uralte Wissenschaft des Unsichtbaren zu lenken und zu überwachen, die von vielen Magie genannt wird. Aber Magie ist schließlich nichts anderes als die Wissenschaft der wenigen.

DER STRAHL DER HINGEBUNG.

Der sechste Strahl, unter den die Leitung und Beherrschung der schöpferischen Energie in der Welt der Emotionen fällt, wird oft der Strahl der Hingebung genannt. Es mag vielleicht verwunderlich erscheinen, dass die Hingebung eine Offenbarung der Kraft Gottes des Heiligen Geistes sein soll. Denn die Manifestation der dritten Person ist doch stets feuriger und kraftvoller Natur; wenn wir aber an Hingebung denken, sind wir leicht geneigt, sie als ein verschwommenes, rührseliges Gefühl anzusehen. Das aber ist nicht die Hingebung des sechsten Strahles; wohl ist Hingebung sein Kennzeichen, aber es ist eine feurige und leidenschaftliche Hingebung, in der sich der Mensch voll und ganz der Gottheit weiht.

Auf diesem Strahl begegnen wir dem großen Mysterium der Transmutation von Gefühl und Begierde, die den Menschen durch die Vergeistigung all seiner Schaffenskräfte göttlich schöpferisch werden lässt. Der sechste Strahl ist daher der Strahl der Geistigkeit und Reinheit. Der Mensch ist erst dann wahrhaft geistig, wenn er sein gesamtes Gefühlsleben nicht nur beherrscht, sondern auch transmutiert hat. Und Reinheit ist der Weg, der zu dieser Transmutation führt. So tritt uns denn auch in dem Chohan, der an der Spitze dieses Strahles steht, in ihm, den wir als den Meister Jesus kennen, die Verkörperung äußerster Reinheit und feurigster Hingebung entgegen. Sein ist die Kraft wahrer Geistigkeit, in der das innere Licht des Geistes den äußeren Menschen durchleuchtet und in der all das, was von dieser Welt ist, im Feuer wahrer Hingebung verbrannt worden ist! Diese leidenschaftliche Hingebung, diese äußerste Beherrschung aller Gefühle und Begierden, bis sie zur vollkommenen Hingabe an Gott wird, ist das Kennzeichen des sechsten Strahles, des Strahles, auf dem sich die Kraft des Heiligen Geistes in der Welt der Gefühle auswirkt.

DER ZEREMONIELLE STRAHL.

Der letzte Strahl, der unter dem Mahachohan steht, ist der siebente Strahl, auf dem die schöpferische Energie des Heiligen Geistes in der physischen Welt gelenkt wird. Wenn wir daran gehen, die Arbeit des Chohan dieses Strahles, des Meisters Rakoczy, eingehender zu betrachten, überwältigt uns vor allem die wunderbare Vielfältigkeit seines Wirkens. So ist er nicht nur das Oberhaupt aller zeremoniellen Arbeit, die in engster Gemeinschaft mit den Heerscharen der Engel vor sich geht, sein Wirken erstreckt sich auch auf die internationale Politik und die kulturelle Entwicklung der Völker, die seinem Wirkungskreise angehören. Zwar scheinen auf den ersten Blick diese Tätigkeiten untereinander zu divergieren, doch wird es uns nicht schwer fallen, sie zueinander in Beziehung zu bringen, wenn wir einmal erfasst haben, dass seine Arbeit in der Lenkung der schöpferischen Energie in der physischen Welt besteht.

So bedeutet seine Tätigkeit in der internationalen Politik eine derartige Anordnung der schöpferischen Kräfte, dass sie in jeder Nation, der gerade seine Arbeit gilt, jene

Veränderungen hervorbringt, die für ihre Entwicklung erwünscht sind. Uns, die wir so oft die äußere, sichtbare Welt als die einzig wirkliche Welt ansehen, fällt es schwer, zu verstehen, wie das Schicksal der Völker auf diese Weise durch die Ausgießung schöpferischer Energie beeinflusst werden kann, und dennoch ist dies der Fall. So war die Arbeit des Meisters, als er im achtzehnten Jahrhundert Europa unter dem Namen des Grafen St. Germain — stets in sehr engen Beziehungen zu den einflussreichen Männern aller Länder, die er besuchte — durchreiste, nicht so sehr Politik im gewöhnlichen Sinne des Wortes, sondern bestand vielmehr darin, durch seine Anwesenheit in einem Lande die Kräfte, die das Geschick der Völker bestimmen, in entsprechende Bahnen zu leiten. Zu dem gleichen Zwecke unternimmt er auch heute noch ausgedehnte Reisen und wirkt außerdem durch seine Schüler in jenen Ländern, die der Ausgießung seiner Kraft bedürfen.

Da sich die Verteilung der schöpferischen Energie in alle Bereiche der physischen Welt durch die Heerscharen der Engel vollzieht, ist auch die Arbeit des Meisters Rakoczy aufs Engste mit jener der Engel verknüpft, soweit sie die Natur beeinflusst, und ebenso auch mit jenem Aspekt ihres Wirkens, der sich auf die Menschheit erstreckt. Nun finden wir aber, dass die engste Zusammenarbeit zwischen den Menschen und dem Reiche der Engel in Zeremonien, im Ritual vor sich geht, und so können wir auch in dieser Arbeit und durch sie am besten zum Verständnis des siebenten Strahles gelangen. Im Ritual nehmen wir nicht nur Teil an dem großen Werke der Schöpfung, indem wir unsere Kraft, so gering sie auch ist, ausströmen und sie der göttlichen Energie hinzufügen, sondern auch dadurch, dass wir darin die Kräfte der Schöpfung in unsere physische Welt herabbringen und sie allda verteilen;

denn im Ritual schaffen wir eine Form, durch die für den Augenblick die göttlichen Kräfte sich offenbaren und die physische Welt beeinflussen können. Die große Lehre aller ritueller Arbeit besteht darin, dass unser ganzes Leben zu einem Ritual, d. i. beherrschte Tätigkeit werden sollte, die jede Kraft gerade in der Weise und dort einsetzt, wie es der Augenblick eben erfordert. Dieses Zeremoniell des Alltags, das sich in Höflichkeit und würdevollem Betragen äußert, ist denn auch eine der Offenbarungen des siebenten Strahles und in seinem Oberhaupt kommen diese Eigenschaften zum reinsten Ausdruck.

Von ihm gilt das Gleiche, das über den Mahachohan selbst gesagt wurde: seine Gegenwart ist die Fülle des Lebens, in ihr werden wir durchschauert von der schöpferischen Energie, der er als Stromweg dient, in ihm ist die Stärke des gehärteten Stahles und zugleich auch die Anmut vollkommen beherrschter Kraft.

Das Wesen des siebenten Strahles kann man mit dem Ausdruck „geordneter Dienst" bezeichnen; man könnte auch sagen, es besteht in der vollendeten Anordnung der schöpferischen Kräfte in dieser physischen Welt, wodurch alle Tätigkeit durch die Kraft des Heiligen Geistes derart umgewandelt wird, dass sie mehr wird als äußere Arbeit, dass sie geordneter Dienst wird — das Ritual des täglichen Lebens.

Gleichwie das Mittelalter, in dem die Hingebung so unvergleichliche Höhen erreichte, unter der Herrschaft des sechsten Strahles stand, wird in der nahen Zukunft der siebente Strahl zur Vorherrschaft gelangen. Und so wird auch im kommenden Reich Gottes des Heiligen Geistes alle rituelle und zeremonielle Arbeit stärker hervortreten und gleicherweise können wir auch einem immer wachsenden bewussten Zusammenarbeiten der Menschheit mit den Scharen der Engel entgegensehen.

DER HERR DER FÜNF STRAHLEN.

So erfüllt uns, wenn wir das Wirken der fünf Strahlen, die unter der Leitung des Mahachohan stehen, auch nur einigermaßen zu begreifen beginnen, tiefste Ehrfurcht und heilige Scheu vor der ungeheuren Arbeit und Verantwortung, die in die Hände dieser großen und eindrucksvollen Gestalt, der Verkörperung des Heiligen Geistes für unsere Erde, gelegt ist.

Nicht nur ist ihm das große Werk der Schöpfung für unsere Erde anvertraut, außerdem ist er auch das Oberhaupt all dessen, was den fünf Strahlen der Entwicklung angehört, die wir eben betrachtet haben. Sein ist die Vision der Wahrheit des Philosophen, Sein das Schönheitsideal des Künstlers, Sein die Geduld und Selbstverleugnung des Forschers, Sein die feurige Hingabe des Asketen und der Glanz des Ritualisten! So übt der Mahachohan in Wahrheit einen großen und mächtigen Einfluss in unserem täglichen Leben; gibt es doch kaum einen Lebensbereich, in dem wir nicht mit seiner Arbeit in Berührung kommen.

Durch ihn ergießt sich auf unsere Welt der Segen der mannigfaltigen Gaben des Heiligen Geistes, den er in der Bruderschaft, die unsere Welt regiert, vertritt, und ER ist es, durch den die schöpferische Energie ausgeströmt wird, die unsere Welt in ihrem Bestände erhält.

VIERTER TEIL.
DIE MUTTERSCHAFT GOTTES.

Dreizehntes Kapitel.

DIE MUTTERSCHAFT GOTTES.

Ein Werk, dessen Thema der Heilige Geist, die schöpferische Tätigkeit Gottes ist, wäre unvollständig, würde es nicht auch jene Seite der Gottheit in den Kreis seiner Betrachtung ziehen, die manchmal auch deren weiblicher Aspekt genannt wird: Gott die Mutter, eine Manifestation der Gottheit, die im Christentum ebenso sehr vernachlässigt wird wie die des Heiligen Geistes. Zwischen diesen beiden Manifestationen besteht eine sehr enge Beziehung und wir werden auch noch erkennen, dass jede Vorstellung vom Heiligen Geist unvollkommen ist, die nicht auch die Lehre von der Mutterschaft Gottes berücksichtigt.

Das Christentum zählt zu den wenigen Religionen, die den weiblichen Aspekt der Gottheit beinahe gänzlich vernachlässigen. Der Heilige Geist ist doch wenigstens als eine Person der heiligen Dreieinigkeit anerkannt, und wenn auch die Christenheit diese dritte Person der Dreieinigkeit im Großen und Ganzen vernachlässigt, so ist doch ihr Name vorhanden und wenigstens mit ihren Lippen bekennen die Christen, dass sie an den Heiligen Geist glauben. Aber selbst wenn dies für die Mehrzahl der Christen bedeutungslos ist, so bringt doch schon die bloße Nennung des Namens ihn immer wieder in Erinnerung und ermöglicht es denen, die ein tieferes Verständnis für seine Wirklichkeit besitzen, einen größeren Nachdruck darauf zu legen. Anders verhält es sich mit der Mutterschaft Gottes:

dieser Aspekt der Gottheit wird in der orthodoxen Theologie der Kirche kaum erwähnt. Selbst die Verehrung Unserer Lieben Frau, der ewig-jungfräulichen Mutter, stellt eine verhältnismäßig späte Erweiterung der christlichen Lehren dar und mit Ausnahme der Kirche von Rom sehen alle führenden Kirchen den Marienkult als ein dem Geist des Christentums gänzlich fremdes Moment an.

DIE MUTTERSCHAFT GOTTES IM HINDUISMUS.

Wir müssen aber bloß einen Blick auf die Religionen des Altertums werfen, um zu erkennen, mit welcher Kraft die weibliche Seite der Gottheit zum Ausdruck gebracht wurde. Wenn wir uns der uralten Religion des Hinduismus zuwenden, finden wir, dass jede männliche Gottheit ihre „Schakti", ihren weiblichen Aspekt besitzt und dass so die Vorstellung von der Mutterschaft Gottes die ganze Struktur dieser großen Religion durchdringt. Die tiefe Verehrung der Mutterschaft und das hohe Ideal der Frau als Gattin und Mutter, denen wir in Indien begegnen, geht in hohem Maß auf die wunderbaren Vorstellungen zurück, die aus der Anbetung des weiblichen Aspektes der Gottheit fließen.

DER ISIS-KULT IN ÄGYPTEN.

In der Religion des alten Ägyptens wurde Gott die Mutter als Isis, die göttliche Gemahlin des Osiris verehrt und die Dreifaltigkeit dieser großen Lichtreligion bestand aus Osiris, Isis und Horus dem Sohn. Wenn wir nun zu einem Verständnis dessen gelangen wollen, was dieser Kult der Isis bedeutete, dürfen wir uns nicht damit begnügen, gelehrte Werke über das alte Ägypten zu studieren und den Gegenstand von unserem modernen Standpunkt aus rein kritisch zu erforschen, sondern wir müssen uns gleichsam in das Bewusstsein jener alten Ägypter versetzen, unter denen wir selbst zweifellos gelebt haben, und zu erkennen versuchen, was es für uns bedeutet hat, wenn wir die Isis anriefen, wenn wir uns an sie wandten oder wenn wir die göttliche Mutter anbeteten. Sobald es uns gelingt, die Einstellung der alten Ägypter zur Isis in uns zu erleben, so fällt uns vor allem die Tatsache auf, wie sehr die ägyptische Vorstellung mit den Vorstellungen von der „Großen Mutter" übereinstimmte, die uns in den anderen Religionen des Altertums begegnen. Isis war einerseits die Natur in ihrem fruchtbaren und schöpferischen Aspekt und in ihr wurde so die schöpferische Kraft der Gottheit angeschaut und verehrt, die sich in der Natur und durch sie auswirkt. Kein Sterblicher vermag den Schleier der Isis zu heben; erst wenn der Mensch die Schwelle der Sterblichkeit überschritten hat, kann er im göttlichen Erleben die Bedeutung der Isis als der schöpferischen und fruchtbaren Kraft der Natur, als die große Mutter Natur erkennen. Dann wieder verkörperte sie das Ideal gütiger Mütterlichkeit für den Einzelnen; auch sie war die Consolatrix Afflictorum, zu der der Ägypter in seiner Not betete, und von ihr ging jenes göttliche Mitleid aus, das das ewige Attribut der Mütterlichkeit ist. Isis war das Ideal der treuen Gattin wie der zärtlichen Mutter; denn nicht nur hielt sie dem Osiris die Treue bis über den Tod und ruhte nicht, bis sie die zerstückelten Teile seines Körpers wieder zusammengefügt hatte, sondern sie war auch die Große Mutter, die das Kind Horus inmitten von Gefahr und Bedrängnis aufzog.

KWAN-YIN, DIE GNADENMUTTER.

In der großen Religion des Buddhismus finden wir die Idee der Mutterschaft Gottes nicht betont, außer im chinesischen Buddhismus, wo die Verehrung der göttlichen Mutter Kwan-Yin untrennbar mit dem übrigen Gottesdienste verbunden ist. Hier, in diesem chinesischen Kult der Kwan-Yin begegnen wir wieder der gleichen Vorstellung göttlicher Liebe und göttlichen Mitleids; Kwan-Yin ist in Wahrheit die Mutter der Gnade und das Ideal der Mutterschaft und der weiblichen Güte, das sie verkörpert, ist von einer duftenden Schönheit, wie sie Worte nicht zu schildern vermögen.

DEMETER UND DIE MAGNA MATER.

Die Religion des alten Griechenland kennt viele weibliche Gottheiten, doch unserer Vorstellung von Gott der Mutter entspricht am meisten Demeter, die große Erdenmutter; auch sie ist einerseits die Fruchtbarkeit der Natur und andererseits die große Mutter, in deren schützender und sorgender Hut alle standen.

Unter den religiösen Kulten Kleinasiens nahm der Kult der „Großen Mutter" besonders in den letzten Jahrhunderten vor dem Erscheinen Christi eine überragende Stelle ein und es ist sehr bemerkenswert, dass überall dort, wo in Kleinasien die Große Mutter verehrt wurde, sich später mit dem Auftreten des Christentums auch der Kult Unserer Lieben Frau besonders geltend machte. So wurde Ephesus, wo der große Tempel der Artemis, eines der sieben Weltwunder, stand, zu einem Zentrum des Marienkultes in Kleinasien und auch die Kirche von Ephesus war der Mutter Christi geweiht. Auch eine Grotte bei Antiochia, die der Kybele als der Großen Mutter geweiht war, wurde später ein Heiligtum Unserer Lieben Frau und so wandelte sich allmählich der Kult der Magna Mater in den der Jungfrau Maria. Dies ist wieder ein Beweis dafür, dass in beiden die gleiche große Idee der göttlichen Mutterschaft zum Ausdruck kam. Selbstverständlich dürfen wir uns bei der Betrachtung des Magna-Mater-Kultes in Kleinasien nicht auf einige seiner weniger erfreulichen Erscheinungs- formen beschränken, sondern müssen versuchen, die wahrhaft edle und schöne Idee zu sehen und zu verstehen, die sich im ursprünglichen Kulte der Großen Mutter of- fenbarte und sich dann allmählich auf den Kult Unserer Lieben Frau übertrug.

DAS CHRISTENTUM UND
DIE JUNGFRAU MARIA.

Schließlich kommen wir zum Christentum selbst und seiner Lehre von der jungfräulichen Mutter, die das göttli- che Kind geboren hat und nicht nur als die Mutter Gottes, sondern auch als das Ideal der Mutterschaft, als die ideale Frau verehrt wird. Wir können dafür nicht dankbar genug sein, dass so durch sie der Gedanke der Mutterschaft Got- tes der christlichen Religion erhalten geblieben ist; denn die Inspiration und der Segen, die von diesem göttlich mit- leidsvollen Wesen, das wir Jungfrau Maria nennen, auf uns herniederströmen, haben das religiöse Denken der Christenheit um eine Note unendlicher Zartheit, barmher- zigen Mitleidens und idealen Weibtums bereichert, die ihm sonst gefehlt hätten.

Eine große und glanzvolle Wirklichkeit muss hinter diesem universellen Kult Gottes der Mutter stehen, der sich durch all die Zeitalter hindurch lebendig erhalten hat. Denn der Mensch betet nur dort an, wo er eine Wirklich- keit ahnt, und nur der Kult kann sich erhalten, der sich auf eine Wirklichkeit stützt. Auch begegnen wir, wenn wir versuchen, in das Bewusstsein der Anhänger jener alten Religionen einzudringen, stets den gleichen Empfindun- gen und Vorstellungen. Es ist also nicht daran zu zweifeln, dass eine sehr tiefe und erhabene Wahrheit der Vorstellung von Gott der Mutter zugrunde liegt, die für das Leben der Menschheit von wesentlicher Bedeutung ist.

DIE GEFAHR EINER REIN VERSTANDESMÄSSIGEN ANSCHAUUNG.

Wenn wir die Mutterschaft Gottes wirklich begreifen wollen, müssen wir uns sehr in Acht nehmen, dass wir diese Tatsache uns nicht nur vom logischen Verstand her klar machen. Es ist natürlich sehr leicht, zu sagen: wo es Gott den Vater gibt, muss es auch Gott die Mutter geben, da die Vaterschaft auch die Mutterschaft in sich schließt, so wie das Positive das Negative, und man nicht an Geist denken kann, ohne zugleich die Vorstellung des Stoffes zu haben. Dies alles klingt zwar überaus vernünftig und logisch und doch wird damit nicht das Geringste erklärt, sondern bloß ein und dieselbe Sache mit verschiedenen Namen benannt. Es ist eine der Gefahren der, wenn ich so sagen darf, theosophischen Denkweise, dass wir mit großer Vorliebe irgendein Problem in einer ungewohnten Ausdrucksform nochmals aufstellen und uns dann einbilden, es gelöst zu haben. So wäre es ja überaus leicht, zu sagen, dass gerade so, wie Gott der Heilige Geist das positive schöpferische Agens ist, es auch ein negatives schöpferisches Agens, also den weiblichen Aspekt dessen geben müsse, dessen männlicher Aspekt Gott der Heilige Geist ist; das klänge durchaus vernünftig und ich fürchte, viele würden es als eine Erklärung hinnehmen. Und doch ist es nichts weniger als eine Erklärung, sondern bloß die Wiederaufrollung des ganzen Problems in der Sprache des konkreten Verstandes.

Wir müssen uns damit in einer ganz anderen Weise auseinandersetzen und Versuchen, die Wirklichkeit zu erleben, statt uns an einem Spiel mit leeren Worten genügen zu lassen, das unwirklich ist.

DAS PROBLEM DER DUALITÄT.

Wenn wir das in der Welt unseres täglichen Lebens immer wiederkehrende Problem der Dualität erfassen wollen, das Problem der Dualität von Geist und Stoff, Leben und Form, Selbst und Nicht-Selbst oder wie immer wir es nennen wollen, dürfen wir niemals mit dem Problem als solchem beginnen, da es ja nur unserem irrtümlichen, illusionären Welt-Bild entspringt. Es wäre eine Herabsetzung der Theosophie, wollte man sie so hinstellen, als ob sie an sich unrichtige Probleme löste. Die Größe der Theosophie liegt nicht darin, dass sie unsere Probleme löst, sondern dass sie uns aus der Welt der Illusion, der diese Probleme entspringen, geradewegs hinausführt in die Welt des Wirklichen, wo wir dann die göttliche Wirklichkeit erleben, in der es das Problem nicht mehr gibt.

DAS ERLEBEN DER MUTTERSCHAFT GOTTES.

Wenn wir daran gehen wollen, die Wirklichkeit der Mutterschaft Gottes zu betrachten, dürfen wir also nicht damit beginnen, eine Dualität von Gott-Vater und Gott-Mutter anzunehmen, und dann versuchen, ein Kompromiss zwischen den beiden herzustellen und sie irgendwie miteinander zu verknüpfen; das hieße den Gaul beim Schwänze aufzäumen. Die Methode der Theosophie oder des göttlichen Erlebens besteht darin, dass wir ein Problem zuerst so klar wie nur möglich formulieren und dann in uns selbst, in die Welt der Wirklichkeit, eindringen und nun sehen, wie das Problem sich hier ausnimmt. Das Ergebnis ist dann stets dasselbe: wir erleben eine Wirklichkeit, in der das Problem nicht länger besteht.

Genauso verhält es sich mit der Frage der Mutterschaft Gottes oder des weiblichen Aspektes Gottes des Heiligen Geistes. Wenn wir dieses Problem in der Welt des Wirklichen betrachten, erleben wir nur eine schöpferische Tätigkeit, nicht zwei. Nur ein Feuer der Schöpfung gibt es in diesem Weltall! Und doch können wir je nach der Art unserer Anschauung in dieser Einheit des schöpferischen Wirkens Gott den Heiligen Geist oder die ewige Mutter erblicken. Zwar gibt es nicht zwei verschiedene Personen oder Aspekte, die sich etwa in diesem Schöpfungsakt vereinen, sondern die eine und einzige schöpferische Tätigkeit erscheint dem Beschauer ganz in derselben Weise, wie wir sie für die Frage von Geist und Stoff als gültig gefunden haben, als Gott der Heilige Geist oder als die ewige Mutter. Wir können diese schöpferische Tätigkeit als ein Sich-Ausgießen, als das flammende Schöpfungsfeuer Gottes des Heiligen Geistes und wir können sie auch als empfangen und transmutiert erleben; dann nennen wir sie die ewige Mutter. Die ganze Wahrheit liegt jenseits jeder verstandesmäßigen Erklärung, doch mag uns ein wenn auch unvollkommenes Bild dabei helfen, wenigstens etwas von ihr zu begreifen.

Wenn wir vom Sonnenlicht sprechen, so denken wir an eine ganz bestimmte Wirklichkeit. Und doch können wir dieses Sonnenlicht auf zweierlei Weise erleben: als von der Sonne ausstrahlend oder als von der Erde empfangen, alles erwärmend, Wachstum bewirkend und sich zu größerer Fülle und Fruchtbarkeit wandelnd. In beiden Fällen aber ist es dasselbe Sonnenlicht. Das Sonnenlicht, das aus der Sonne hervorbricht, die Strahlung, kraft deren das ganze Universum lebt, können wir vergleichen mit der schöpferischen Tätigkeit, gesehen als Gott-Heiliger Geist. Dasselbe Sonnenlicht, das, von der Erde und ihren zahllosen Geschöpfen empfangen, die ganze Natur und alles, was lebt, sich erfreuen und in größerer Fülle offenbaren lässt, symbolisiert den weiblichen Aspekt der Schöpfung. Es findet so eine Umwandlung des Lichtes statt zu Wachstum und Ausdehnung, zu größerer Fülle und Schönheit der offenbarten Form. Mutter Erde empfängt das Licht, hegt es und gibt es, in die Fülle der fruchtbaren Natur verwandelt, wieder zurück.

In ähnlicher Weise ist so der eine Aspekt der schöpferischen Tätigkeit die schöpferische Kraft, der andere die schöpferische Fruchtbarkeit; beide aber sind nur die von verschiedenen Seiten her gesehene eine Wirklichkeit. Vaterschaft und Mutterschaft, Heiliger Geist und Ewige Mutter: sie sind nur Namen für die beiden Arten, auf die wir die eine ewige Wirklichkeit der Schöpfung schauen und erleben.

Von dem Heiligen Geist als dem strahlenden, aus sich heraustretenden Aspekt der Schöpfung haben wir schon gesprochen; nun wollen wir versuchen, ein wenig tiefer in das Verständnis des anderen Aspektes einzudringen, den man nicht besser benennen kann als: die göttliche Mutterschaft.

DIE SCHÖPFUNG ALS DIE EWIGE MUTTER.

Zarte Liebe, hegende Sorgfalt, alles umfassender Schutz und schöpferische Fruchtbarkeit — diese Worte drängen sich uns zuerst auf, wenn wir versuchen wollen, das Erlebnis der göttlichen Mutterschaft zu beschreiben. Wir haben die Empfindung, als seien wir die Natur selbst und verwandelten in uns die strahlende Kraft des schöpferischen Feuers in fruchtbares Wachstum und in Fülle schöner Form. Es ist ein wundervolles Gefühl, so ganz verschieden von dem Erlebnisse Gottes des Heiligen Geistes, und doch ist es ein und dasselbe, was wir hier wie dort erleben. Nun begreifen wir, was der Schleier der Isis bedeutete und wie es kommt, dass in Isis, Demeter, der Magna Mater und allen anderen Darstellungen der göttlichen Mutter sich immer und überall die Vorstellung der Fruchtbarkeit der Natur findet. Die Empfängnis des schöpferischen Feuers, seine Verwandlung in Fruchtbarkeit, Wachstum und Fülle ist für diesen Teil oder Aspekt des göttlichen Schaffens ebenso bezeichnend, wie es das Hervorlodern des schöpferischen Funkens für den Heiligen Geist war.

Doch ist es unmöglich, wirklich angemessen zu beschreiben, wie die beiden, Heiliger Geist und Ewige Mutter, Eines sind, — nicht eine Dualität, die wir irgendwie miteinander zu vereinigen versuchen, sondern eine Einheit, die wir auf verschiedene Weisen erleben können. Wir erleben Gott den Schöpfer nicht als Vater und Mutter, sondern als ein Wesen, Vater-Mutter, als eine Wirklichkeit, die wir auf zweierlei Art erleben können und je nach unserem Erlebnis Vater oder Mutter nennen. Aber nur dann können wir uns eine Vorstellung von diesem großen Schöpfungsmysterium machen, wenn wir uns in uns selbst zurückziehen und die Wirklichkeit erleben. Wenn wir so an die Schöpfung auf der Linie des Heiligen Geistes rühren, durchschauert uns die schöpferische Kraft, wir fühlen uns gedrängt, Dinge zu tun, und wir fühlen, dass wir Dinge tun *können*. Schaffenskraft und Vitalität durchdringt uns, wir sind inspiriert, irgendetwas zu schaffen, sei es nun ein Kunstwerk oder einen großen Plan sozialer Reform. Rühren wir aber an die Schöpfung auf der Linie der Ewigen Mutter, dann gewahren wir in uns die Verwandlung des schöpferischen Feuers in das, was hervorgebracht werden soll, wir haben das Gefühl, als hegten wir das schöpferische Feuer mit zärtlichster Sorgfalt, damit es durch einen Vorgang innerer Verwandlung das, was vorher tot war, mit Leben erfülle und fruchtbar mache.

Es gibt keinen schöneren Ausdruck für dieses Gefühl als den der Mutterschaft; der Funke des göttlichen Feuers, der empfangen wurde in jener überströmenden Seligkeit, die wir erleben, wenn wir mit dem Feuer Gottes des Heiligen Geistes in Berührung kommen, wird gehegt und gepflegt, bis wir durch die Wehen jedes schöpferischen Werkes, sei es nun des Künstlers, des Philosophen oder des Sozialreformers, das Ding selbst hervorbringen, unser Werk im wahrsten Sinne des Wortes gebären und hierin die gleiche strahlende Freude erleben wie die Mutter über ihr Kind, eine Freude, die sich durchaus von jener unterscheidet, die wir im Augenblick der Inspiration durch Gott den Heiligen Geist empfanden.

Jeder von uns ist so Vater-Mutter; aber nur wenn wir beides zu sein vermögen, können wir wirklich groß in unserem Schaffen sein. In jeder schöpferischen Arbeit, in Kunst, Wissenschaft oder sozialem Wirken können wir ebenso die schöpferische Kraft oder den männlichen Aspekt und die Fruchtbarkeit, den weiblichen Aspekt erleben, nur durch diese beiden können wir mit der großen Wirklichkeit, die ihnen zugrunde liegt, in Berührung kommen. Wenn wir daher von manchen Menschen als fruchtbaren Geistern sprechen, so bedeutet dies einerseits den Kontakt mit dem schöpferischen Feuer des Heiligen Geistes — die Inspiration — und andererseits mit der schöpferischen Fruchtbarkeit, die schließlich das Werk oder die Idee zur Welt bringt. Der Gärungsprozess der schöpferischen Tätigkeit ist der Mutteraspekt, der Vorgang der Inspiration der Aspekt des Heiligen Geistes; aber nur dann, wenn jemand zu beidem fähig ist, kann er ein wahrer Schöpfer werden.

DAS KOMMENDE REICH
DES HEILIGEN GEISTES.

In naher Zukunft wird die dritte Person der Dreieinigkeit wieder mehr in der Welt hervortreten; das Reich des Heiligen Geistes bricht an. Aber das Reich des Heiligen Geistes ist gleichzeitig auch das Reich der Ewigen Mutter; sie sind nicht voneinander zu trennen, denn sie sind Eines. Dies ist auch der Grund dafür, dass in der frühchristlichen Literatur der Heilige Geist so oft als weiblich bezeichnet wird. In einer der Apokryphen spricht Christus von „Meiner Mutter dem Heiligen Geist" und auch die Vorstellung von „Sophia", der göttlichen Weisheit, die in den Schriften der Gnostiker eine so große Rolle spielt, hängt mit diesem weiblichen Heiligen Geist zusammen. So ist das kommende Reich des Heiligen Geistes ebenso das Reich des Heiligen Geistes als Inspiration wie des Heiligen Geistes als ewige Mutter, als Fruchtbarkeit.

Dies ist einer der Gründe, weshalb wir in der neuen Rasse Eigenschaften vereinigt finden, die sich in der Vergangenheit in ausgeprägterer Weise auf die beiden Geschlechter aufteilten. Der ausgesprochen männliche Typus der Vergangenheit, oft roh in seiner Kraft, jeder Zartheit bar, in seinen schlimmsten Formen das männliche Tier, war ebenso das Ergebnis dieser übertriebenen Scheidung wie die ausgesprochen weibliche Frau, die hilflos und anschmiegsam sich an ihrer Schwäche freute — ein ebenso unbefriedigender Typus wie der bloß männliche Mann. Man darf mich nicht missverstehen: im kommenden Typus werden nicht die Unterschiede zwischen den Geschlechtern verwischt und eine Gleichheit von Mann und Frau angestrebt werden, in der die wesentlichen Merkmale jedes Geschlechtes verloren gingen; es wird vielmehr ein Typus sein, in dem der Mann nichts von seiner Kraft und Männlichkeit eingebüßt haben, aber veredelt sein wird durch jene Empfindung der Zartheit und des Mitgefühls, die man zu Zeiten als die Besonderheit der Frau ansah, während auf der anderen Seite auch die Frau nichts von ihren weiblichen Eigenschaften verloren, aber gleichzeitig eine Stärke und Unabhängigkeit gewonnen haben wird, die ihre weiblichen Eigenschaften eher unterstreichen als aufheben wird. Wir sehen so eine *Annäherung* zwischen den beiden Geschlechtern vor uns, die die Menschen befähigen wird, dem Heiligen Geist ebenso in seinem Aspekt als Feuer der Schöpfung wie als Ewige Mutter besseren Ausdruck zu verleihen.

Bevor wir jedoch daran gehen, die Veränderungen im Einzelnen zu erörtern, die das stärkere Hervortreten des dritten Aspektes in den Beziehungen zwischen den Geschlechtern bewirken wird, wollen wir noch eine kurze Betrachtung darüber anstellen, wie es sich in der kommenden Religion offenbaren wird.

DIE KOMMENDE RELIGION
DER DRITTEN PERSON.

Ich habe schon erwähnt, dass heute nicht nur der Heilige Geist, sondern auch Gott die Mutter fast gänzlich vernachlässigt wird. Nun, da wir erkannt haben, wie diese beiden Aspekte miteinander verknüpft sind, können wir auch verstehen, wie die Vernachlässigung des einen stets die Vernachlässigung des anderen im Gefolge hat.

Das Christentum war eine typisch männliche Religion. Die Vorstellung von Gott dem Vater beherrschte das ganze religiöse Leben derart, dass ohne den Kult der Mutter Gottes, soweit er überhaupt vorhanden ist, der weibliche Aspekt der Gottheit in dieser Religion gänzlich gefehlt hätte. Nun mag ja eine so einseitige Religion wohl eine

Notwendigkeit gewesen sein, es steht aber auch fest, dass die Wirkung, die diese Einseitigkeit auf das soziale Leben ausgeübt hat, eine verheerende gewesen ist. Auf der einen Seite führte sie zu der völlig unbegründeten Vorstellung der männlichen Überlegenheit und all den Übeln, die sich aus ihr ergaben, auf der anderen Seite zu der Vorstellung der weiblichen Minderwertigkeit, die eine Entwürdigung des Ideals des Frauentums bewirkte, die sich niemals hätte einstellen können, hätte in der Religion Gott die Mutter dieselbe Stellung eingenommen wie Gott der Vater. Und so können wir nicht dankbar genug dafür sein, dass wir in dem Kulte Unserer Lieben Frau, den so viele für ein fremdes Element, eine spätere Einführung in die ursprüngliche Religion Christi halten, die Idee der Mutterschaft Gottes in einer so zarten und schönen Weise betont sehen, dass wir nur wünschen können, er wäre von der gesamten christlichen Theologie anerkannt worden.

Wir müssen versuchen, die tiefe, wundervolle Wirklichkeit all dessen zu begreifen, was Unsere Liebe Frau in der christlichen Religion bedeutet, um diesem Kult die Stelle wieder einräumen zu können, die ihm innerhalb der christlichen Religion gebührt, und diese selbst dem Ideale der Zukunft so einen Schritt näher zu bringen, einer Religion näher, in der die dritte Person als Heiliger Geist ebenso wie als die Ewige Mutter im Vordergrund stehen wird.

UNSERE LIEBE FRAU, DIE JUNGFRAU MARIA.

Der erste Eindruck, den wir empfangen, wenn wir mit dieser wunderbaren Wesenheit in Berührung kommen, ist der einer unendlichen Zartheit, der gegenüber die zärtlichste Liebe auf Erden roh erscheinen muss. Sie ist der vollkommene Ausdruck alles dessen, was wir je als unser

Ideal der Frau, was wir je als unser Ideal der Mutter empfinden können. Sie ist die Mutter der Mütter; in ihrer Gegenwart wissen wir, dass sie alles versteht, dass ihre
barmherzige Liebe alle Wesen einschließt und dass in ihrer zärtlichen Hut selbst der Geringste und Niedrigste Zu-
flucht finden kann. Ihre Mutterschaft umfasst alle Kreatur,
denn sie ist in Wahrheit die Mutter alles Lebendigen. Wir
wissen, was hier auf Erden das Wort Mutterschaft bedeutet; die Mutter ist es, die jederzeit bereit ist, sich für ihr
Kind zu opfern, die Mutter ist es, bei der das Kind Schutz
und Trost sucht, wenn Leid und Kummer es bedrängen.
Aber viele Millionen Kinder kennen diese wahre Mutter-
liebe nicht, Kinder, denen statt Zärtlichkeit, Trost und lie-
bender Sorgfalt nur harte Worte und grausame Behandlung zuteilwerden, Kinder, die keine Mutter haben und
sich in gänzlicher Verlassenheit über ihr Leid ausweinen.
Doch eine Mutter gibt es für sie alle, die größer ist als jede
irdische Mutter, eine, die selbst die vollkommene Blüte
der Mutterschaft ist, deren zärtliche Sorgfalt über jede
Mutter und jedes Kind auf Erden wacht und deren Mitleid
und tröstende Liebe sich über alle ergießt, die in Sorge
und Leid sind. Das ist Unsere Liebe Frau, die Consolatrix
Afflictorum, sie, die einst die Mutter Jesu war und die
jetzt Gott die Mutter verkörpert.

Nur wenn wir dem Kult Unserer Lieben Frau den ihr
gebührenden Platz innerhalb der christlichen Religion einräumen, den er haben muss, um diese zu einer vollkommenen Religion zu machen, können wir tätig daran mit-
wirken, jene Religion der Zukunft näher zu bringen, die
uns in ihren Idealen die Einheit offenbaren wird, in der alles Männliche und Weibliche verschmilzt. So sollten wir,
statt den Kult der Jungfrau Maria als eine ausschließlich
römisch-katholische und wesensfremde Einführung in das
orthodoxe Lehrgebäude der christlichen Kirche zu be-

trachten, ihn als kostbares Erbe ansehen, dank dem die Verehrung Gottes der Mutter den Christen nicht gänzlich verloren ging und das ein erhabenes und glanzvolles Ideal im Christentum der Zukunft sein wird.

EIN NEUES VERHÄLTNIS DER GESCHLECHTER ZUEINANDER.

Die neue Religion, in der der dritte Aspekt der Gottheit als der Heilige Geist und als die Ewige Mutter vorherrscht, wird vor allem auch ein neues Verhältnis der Geschlechter zueinander, eine neue Auffassung von der Ehe und eine vollkommen veränderte Einstellung zu jenem großen und heiligen Mysterium der Vereinigung von Mann und Frau mit sich bringen, in der sie schöpferisch sein können und die Menschheit der Zukunft zeugen.

Zur Verwirklichung einer solchen neuen Beziehung zwischen den Geschlechtern führt auch die Bewegung der Emanzipation der Frau, die zwar in mancher Beziehung über das Ziel schoss, die aber doch ein Großes erreicht hat: während noch vor einem halben Jahrhundert die Frau im sozialen Leben eine untergeordnete Stellung einnahm und ihre ganze Erziehung darin gipfelte, sie zu einem Spielzeug für die Launen des Mannes zu machen, hat sich jetzt die Frau die Befreiung aus dieser erniedrigenden Stellung erkämpft, in welcher die ihr bezeugte Galanterie nur oft eine verhüllte Beleidigung der wahren Würde der Frau enthielt.

DIE ENTWEIHUNG DES GESCHLECHTES IN DER ALTEN LEBENSORDNUNG.

Früher einmal war es ganz selbstverständlich und in der Ordnung, dass ein junger Mann „sein Leben genoss",

„sich austobte" und „sich die Hörner ablief", wobei die Entwürdigung der Frau und die Entweihung des Mysteriums des Geschlechts, solange es nicht zu einem offenen Skandal kam, nicht nur stillschweigend übersehen, sondern geradezu geduldet wurde. Wenn dann ein solcher Mann des Vergnügens und der Lust überdrüssig geworden war, entschloss er sich, wieder unter dem Diktate der Konvention, einen geordneten Lebenswandel zu führen, sich eine Frau zu nehmen und ein musterhafter Bürger zu werden. Dagegen wurde das junge Mädchen zu vollkommener Unselbständigkeit erzogen, wobei ihr als einziges Ideal eingetrichtert wurde, einen Mann zu finden und ihm zu gefallen. Nichts war wichtig außer diesem einen Ziel; ihre ganze Erziehung und ihre ganze Zeit wurden darauf verwendet, sie zu einer gangbaren Ware auf dem Heiratsmarkt zu machen. Vom wirklichen Leben durfte sie nichts erfahren und diese Unwissenheit nannte man Unschuld; so wurde sie bis zur Heirat erzogen, deren wahre Bedeutung und Verantwortung sie auch nicht ahnte. Dann wurden diese beiden miteinander vermählt, der Mann, besudelt durch die Entweihung all dessen, was heilig ist in der Beziehung zwischen den Geschlechtern, die Frau ohne die primitivste Kenntnis der Tatsachen. Was konnte eine solche Ehe anderes sein als die entsetzliche Tragödie, die sie in so vielen Millionen Fällen gewesen ist, eine Tragödie, in der die Braut in all ihrer reinen Unberührtheit auf dem Altar einer Lust geopfert wurde, die längst schon müde geworden war durch die Übersättigung in den sogenannten „Vergnügungen" der Jugend! Niemand wird je imstande sein, die Geschichte des Leides und der der Demütigung all der Frauen auf der ganzen Welt zu schreiben, die so Männern ausgeliefert wurden, die oft von Krankheit verwüstet und ganz ungeeignet waren, ihren Kindern Vater zu sein. Wie könnte man die Geschichte all dieses Leides je restlos erfahren, das doch fast nie ausgesprochen, sondern in gänzlicher Verlassenheit erduldet wurde, ohne die geringste Hoffnung auf Mitleid oder Erlösung von andern! Entsetzt stehen wir vor der furchtbaren Schuld, mit der sich der Mann beladen hat, und erst dann wird er diese Schuld getilgt haben, die jetzt auf seinen Schultern lastet, wenn er durch zahllose Generationen hindurch eine von Grund auf veränderte und wahrhaft geistige Einstellung zur Frau und zur Ehe angenommen hat. Es ist unbegreiflich, wie in all den Zeiten der Mann den Eindruck erwecken konnte, dass er die Frau durch die Höflichkeit und Galanterie, die er ihr nach außen hin bezeugte, achte und ehre, wenn er in den Dingen, auf die es wirklich ankommt, die Frau und Mutter in ihr an der Wurzel entehrte und entweihte

MUTTERSCHAFT ALS BÜRDE ODER SCHANDE.

Es ist klar, dass unter solchen Umständen die Mutterschaft selbst leiden musste. Wie könnte auch eine Frau ihre Mutterschaft wahrhaft achten, wenn sie ihr unter Umständen und Bedingungen auferlegt wurde, in denen sie der Lust und Begierde dienen musste und das Kind nicht um seiner selbst willen, sondern in bloßer Lustbefriedigung gezeugt wurde? Umso wunderbarer ist es, dass diese furchtbaren Verhältnisse die Frau nicht davor zurückschrecken ließen, die schwere Last der Mutterschaft in so adeliger Weise auf sich zu nehmen, und dass sie mit solch williger Aufopferung die harte Aufgabe, Kinder zu gebären und aufzuziehen, erfüllt. Und doch hat das Ideal der Mutterschaft gelitten; die Mehrzahl der heutigen Frauen glaubt in Missverstehen der Emanzipation, dass die Befreiung der Frau von der Sklaverei, in der sie früher schmachtete, darin bestehe, dass sie nun nicht mehr in erster Linie die Mutter der Rasse sei, sondern dass sie vor allem ihren Weg im Geschäftsleben oder in einem der Berufe machen müsse, die ihr jetzt offen stehen. Dann wieder gibt es Frauen, die beeinflusst von den unwürdigen Vorstellungen über die Ehe, zu der sie erzogen und in die sie gezwungen wurden, ihre eigene Mutterschaft nicht so hoch halten, wie dies der Fall wäre, wenn die Ehe wirklich die Vereinigung wäre, die sie sein sollte, und die nur darauf bedacht sind, von ihren Kindern möglichst wenig belästigt zu werden. Und schließlich ist da noch die Legion der Unglücklichen, deren Mutterschaft nicht durch das Band der Ehe sanktioniert ist, die den Lüsten der Männer zum Opfer fielen und dann von eben denselben Männern, die sie zu dem gemacht haben, was sie sind, verstoßen und verdammt werden. Nicht nur, dass diese Millionen Opfer die Schmach der unehelichen Mutter erleiden und so dazu gelangen, ihre Mutterschaft als eine sündige Last anzusehen, — dass auch die Kinder, die solchen Verbindungen entspringen, von einer Gesellschaft als unehelich gebrandmarkt werden, die doch jene schmachvollen Bedingungen duldet, welche die Geburt dieser Kinder möglich machen, ist ein Schandmal, das so tief in das Antlitz unserer Zeit eingebrannt ist, dass Zeitalter werden darüber vergehen müssen, ehe es wieder verwischt sein wird.

Die Vereinigung von Mann und Frau im Akte der Zeugung ist die heiligste Gabe, die der Menschheit von Gott dem Heiligen Geist und der Ewigen Mutter verliehen worden ist. Sie ist die einzige Handlung, in der der Mensch sich der Göttlichkeit nähert, in der er selbst Schöpfer sein kann! Solange dieses allerheiligste Mysterium unseres menschlichen Lebens nicht aus dem Moraste der Lust emporgehoben wird in die reine Luft einer Weihung durch die Liebe, können wir nicht auf eine bessere Menschheit hoffen. Eine Rasse, die in Lust und Begierde gezeugt wurde, kann niemals eine Rasse wahrhaft edler, hilfreicher und guter Menschen sein, und wenn wir die Bedingungen uns vor Augen halten, unter denen die heutige Menschheit ins Dasein gerufen wurde, müssen wir uns nur wundern, dass sie nicht schlechter ist, als sie ist.

DIE NEUE KAMERADSCHAFT DER GESCHLECHTER.

Glücklicherweise gibt es aber und gab es stets auch Ausnahmen, jene wahren Ehen, in denen das Verhältnis zwischen Mann und Frau ein natürliches und edles ist, in denen der Akt der Zeugung durch die Liebe geheiligt wird und in denen die Mutterschaft mit all der Zärtlichkeit und Sorgfalt, mit all der Verehrung und Ehrfurcht umgeben ist, die ihr gebührt.

Dies wird auch das Ideal der Zukunft sein; denn die neue religiöse Vorstellung von Gott dem Schöpfer, der das Feuer der schöpferischen Tätigkeit und zugleich auch die ewige Mutter ist, wird die Beziehung der Geschlechter zueinander und alles, was im Leben des Einzelnen wie der Gesamtheit damit zusammenhängt, von Grund auf ändern.

In der neuen Rasse, die schon jetzt unter uns geboren wird, wird insofern eine Gleichheit zwischen Mann und Frau bestehen, als sie in der Pilgerfahrt des Lebens Seite an Seite als Kameraden schreiten und einander in der Unabhängigkeit ihrer Individualität begegnen, und doch wird jeder das Ideal seines Geschlechtes zum Ausdruck bringen. So wird sich im Manne nicht weniger, sondern mehr wahre Mannheit, in der Frau nicht weniger, sondern mehr wahres Frauentum offenbaren, aber beide Geschlechter werden doch tiefer einander verstehen und aufeinander reagieren. Im sozialen Leben werden Mann und Frau ihre bestimmte Rolle spielen, nicht als ob die Frau versuchen wird, Arbeiten zu leisten, für die der Mann besser geeignet ist, sondern jedes Geschlecht wird in das soziale Leben des Volkes und der Rasse eben jene Note hineintragen, die nur es allein zu bringen vermag.

DIE HEILIGKEIT DES GESCHLECHTES.

Die Ehe der Zukunft wird so die Begegnung und Vermählung zweier freier Seelen sein, die beide diese Vereinigung in wahrer Liebe eingehen, und die Frau wird das gleiche Recht haben, vom Mann die Reinheit zu verlangen, die er jetzt so oft von ihr zu verlangen wagt, die er aber durch seine eigene Vergangenheit verneint. Dann wird man den Akt der Vereinigung, in dem ein neuer Körper geschaffen wird, im Licht eines göttlichen Mysteriums und als die Erfüllung dessen anschauen, was wir Ehe nennen. Die Lehre der kommenden Religion von Gott dem Schöpfer als Heiliger Geist und Ewige Frau und die Erkenntnis des großen Mysteriums der kosmischen Schöpfung werden dann den Akt der Vereinigung von Mann und Frau, der ja das Symbol jenes Mysteriums ist, adeln und vergeistigen. So wird diese Vereinigung in einen Akt der Liebe verwandelt werden, der einem Gebete gleich auf die Seele gerichtet ist, für die so in edler Liebe ein irdischer Tabernakel bereitet wird, und erst dann können für die kommende Rasse so reine und veredelte Körper geschaffen werden, dass sie zu Tempeln der Gottheit werden, die in allen Menschen wohnt.

DAS IDEAL DER MUTTERSCHAFT.

Welche tiefgehende Änderung in der Auffassung der Mutterschaft würde doch ein solches Verhältnis bewirken! Nicht länger mehr werden Frauen gezwungen sein, ihre

Mutterschaft als Bürde, ja oft sogar als Schande zu empfinden: als die höchste Verklärung des Frauentums wird man dann die Mutterschaft betrachten, als jenen höchsten Dienst, den nur die Frau der Rasse leisten kann, und während der Zeit ihrer Schwangerschaft, in der der neue Körper allmählich für seine große Bestimmung bereitet wird, wird die werdende Mutter mit all der Schönheit und all den Möglichkeiten innerer Vorbereitung umgeben sein, deren sie bedarf.

Was aber kann uns in dieser Verehrung der Mutterschaft von größerer und mächtigerer Hilfe sein, welches Ideal kann uns hierbei stärker inspirieren als das Ideal der Großen Mutter, der ewig jungfräulichen Mutter Maria? Es kommt nicht darauf an, ob wir sie, das Ideal der Mutterschaft, unter diesem oder irgendeinem der andere Namen kennen, unter denen sie in den nichtchristlichen Religionen angebetet wird, solange es dieselbe große Wirklichkeit ist, die hier anerkannt wird. Der Mann wird dann die Ewige Frau in der Frau, die er liebt, die Große Mutter in der Mutter seines Kindes verehren, und so wird alle Mutterschaft veredelt werden durch das Ideal der Mutterschaft, dessen Verkörperung das große Wesen ist, das wir Christen Unsere Liebe Frau nennen.

DIE WELT GOTTES DES SCHÖPFERS.

Sind wir aber einmal dazu gelangt, Gott den Heiligen Geist und Gott die Mutter als Wirklichkeiten in unserem täglichen Leben zu erkennen, dann wird unsere ganze Welt verwandelt werden.

Die Berührung mit Gott dem Heiligen Geist, der das Feuer der Schöpfung und der göttliche Intellekt ist, erhebt uns aus der Verwirrung und Finsternis unseres gewöhnlichen Lebens in das Licht und die Klarheit der Welt des

Wirklichen, in der wir die Dinge an sich erleben. Es ist uns dann, als ob wir in einem Tale gewandert wären, wo wir in der Dunkelheit dichten Waldes und Gestrüpps nicht imstande waren, den Himmel über uns, die Landschaft um uns zu erschauen. So mühten wir uns Zeitalter hindurch und verfolgten Schritt für Schritt, durch unzählige Schwierigkeiten gehemmt, unseren Pfad bergan. Dann kommt der Augenblick, da es sich um uns weitet, wir im vollen Glänze des Sonnenlichtes die Bergspitze erreichen und sich uns von da die freie Aussicht auf die ganze Welt eröffnet. Nun können wir auch das dunkle Tal sehen, in dem wir uns solange gemüht haben, können wir erkennen, wie von allen Seiten her der Gipfel des Berges erreicht werden kann und wie doch die Menschen unten auf und ab wandern, da sie die Vision des Bergesgipfels nicht zu erschauen vermögen.

Keine größere, keine ergreifendere Freude gibt es als jene, die man empfindet, wenn man so die Herrlichkeiten des göttlichen Geistes erlebt, wenn man, wenn auch nur für einen Augenblick, in der Freiheit, dem Lichte und der allumfassenden Einheit dieses Geistes lebt, in dem und durch den das ganze Weltall besteht; diese Freude aber, diese übersinnliche Schönheit, sie wird allen zuteil, die mit der Welt Gottes des Heiligen Geistes in Berührung kommen. Da entzündet uns der göttliche Atem, der die lebendige Flamme der Inspiration ist, unser ganzes Sein erglüht in einem himmlischen Feuer, das die schöpferische Kraft des ganzen Universums ist, uns erleuchtet das Licht innerer Weisheit, wir baden in der Herrlichkeit des göttlichen Geistes und erschauen eine Welt, die erstrahlt in der Schönheit, die vibriert in der Liebe Gottes des Heiligen Geistes.

Und im Erlebnis der Ewigen Mutter, in dem wir ja nur auf eine andere Weise Gott den Schöpfer erleben, gehen wir in jene allumfassende Mutterschaft ein, in der das schöpferische Feuer mit zärtlichster Sorge gehegt wird, bis es die Fülle und Schönheit der lebendigen Form hervorbringt. Hier erleben wir jene Liebe, jenes Erbarmen, jene schützende Wärme, in der das große Mysterium der kosmischen Schöpfung in alle Ewigkeit ruht.

Gleichwie wir im göttlichen Intellekt die Welt erschauten, wie sie in Gott dem Heiligen Geist besteht, so sehen wir in der göttlichen Mutter den Schleier der Natur gelüftet und das Wunder der universalen Schöpfung erschließt sich uns als das ewige Opfer, durch das die ganze Welt erhalten wird.

Kann der Menschheit eine größere Gabe zuteilwerden als dieses tiefere Verständnis für die dritte Person der Dreieinigkeit, Gottes des Schöpfers, des göttlichen Geistes und der göttlichen Mutter? Versuchen wir denn, jene wunderbaren Wirklichkeiten zu begreifen und zu erleben, auf dass wir den Heiligen Geist und die Ewige Mutter in unserem täglichen Leben anbeten, auf dass jene göttliche Transmutation der schöpferischen Energie, das MAGNUM OPUS, sich in uns vollziehe, durch die der Mensch mehr als Mensch, durch die er Gott wird. Dann, wenn wir über unser Menschentum hinausgewachsen sein und auf die Göttlichkeit Anspruch erheben werden, deren wir jetzt vergessen, wird der Tag kommen, da wir eins sein werden mit Gott dem Schöpfer, da wir bewusst einstimmen werden in den gewaltigen Hymnus der Schöpfung, da durch uns jenes göttliche Mysterium sich vollenden wird, das das Werk ist Gottes des Heiligen Geistes, des Schöpfers, des Herrn und Lebensspenders!

Spiritistische Bibliothek
für Anfänger und Eingeweihte!

Zu beziehen über den Verlag dieser Schrift.

C. W. Leadbeater:
- *Das Innere Leben.* 2 Bände.
- Das Leben im Jenseits.
- Die Astral-Ebene.
- Die Meister und der Pfad.
- Die Wissenschaft der Sakramente.
- Ein Textbuch der Theosophie.
- Gespräche über „Zu den Füßen des Meisters".
- Gibt es eine Wiederkehr?
- Grundlinien der Theosophie.
- Unsere Unsichtbaren Helfer.
- Das Leben nach dem Tode.
- Ursprung und Bedeutung des christlichen Glaubens-bekenntnisses.
- Träume.
- Die Chakras.
- Hellsehen.
- Das verborgene Leben in der Freimaurerei.
- Risse im Schleier der Zeit. 24 Leben Orions.
- Naturgeister.
- Gedankenformen.
- Naturgeister.
- Hindu-Yoga.
- Der sichtbare und der unsichtbare Mensch.

C. W. Leadbeater / Annie Besant:
- Der Mensch: Woher, Wie und Wohin. Aufzeichnungen nach hellseherischen Unter-
  suchungen.
- Okkulte Chemie.

Annie Besant:
- Die Reinkarnations- oder Wiederverkörperungslehre.
- Die sieben Prinzipien oder Grundteile des Menschen.
- Eine Studie über das Bewusstsein.
- Eine Studie über Karma.

- Ein Abenteuer unter Rosenkreuzern.
- Unter den Gnomen von Untersberg. Eine sonderbare Geschichte.
- Die Symbole der Bibel und der Kirche.
- Die Medizin des Theophrastus Paracelsus.
- Kurzgefasster Grundriss der Geheimlehre.
- Tao Te King.
- Theophrastus Paracelsus als Mystiker.
- Elementargeister.
- Seelenbräute und Vampirismus. (Incubi und Succubi)

Hans Arnold:

- *Der Adept.* Eine vollständige Anleitung zur Erlangung der höchsten Glückseligkeit und Weisheit, sowie übersinnlicher magischer Kräfte, welche befähigen zur selbsteigenen Ausführung phänomenalster Wunder.
- *Magische Kräfte in uns.*
- *Vollständiges, kurzgefasstes Illustriertes Lehrbuch des praktischen Spiritismus.*
- *Was wird aus uns nach dem Tode?* Eine populär- naturphilosophische Abhandlung.
- *Wie errichtet und leitet man spiritistische Zirkel in der Familie?*
- *Die Heilkräfte des Hypnotismus, der Statuvolence und des Magnetismus.*
- *Das Jenseits.* Leben und Weben, Zustände und Verhältnisse im Jenseits. Das Ergebnis 16-jähriger einschlägiger Studien und Erfahrungen.

A. P. Sinnett:

- Das Wachstum der Seele.
- Die okkulte Welt.
- Die Esoterische Lehre oder Geheimbuddhismus.

Herbert Silberer:

- Probleme der Mystik und ihrer Symbolik.
- Durch Tod zum Leben.
- Der Seelenspiegel. Das enoptrische Moment im Okkultismus.

THEOSOPHISCHE HANDBÜCHER: Band I bis XVIII.

Zahlreiche weitere Schriften namhafter Autoren sind im Verlag erhältlich